A REVIRAVOLTA DA HISTÓRIA

Marc Ferro

A REVIRAVOLTA DA HISTÓRIA

A QUEDA DO MURO DE BERLIM E O FIM DO COMUNISMO

Tradução

Flávia Nascimento

PAZ E TERRA

Título original: *Le mur de Berlin et la chute du communisme expliqués à ma petite-fille*

Copyright © Editions du Seuil, 2009

Direitos de edição da obra em língua portuguesa adquiridos pela EDITORA PAZ E TERRA. Todos os direitos reservados. Nenhuma parte desta obra pode ser apropriada e estocada em sistema de banco de dados ou processo similar, em qualquer forma ou meio, seja eletrônico, de fotocópia, gravação etc., sem a permissão do detentor do copirraite.

Texto revisto pelo novo Acordo Ortográfico da Língua Portuguesa.

Imagens de capa: iStockphoto © Carsten Madsen
It is madness

iStockphoto © TommL
Brandenburg Gate

Editora Paz e Terra Ltda
Rua do Triunfo, 177 — Sta. Ifigênia — São Paulo
Tel: (011) 3337-8399 — Fax: (011) 3223-6290
http://www.pazeterra.com.br

CIP-BRASIL. CATALOGAÇÃO NA FONTE
SINDICATO NACIONAL DOS EDITORES DE LIVROS, RJ.

F747d
13.ed.   Ferro, Marc, 1839-
  A reviravolta da história : A queda do Muro de Berlim e o fim do comunismo / Marc Ferro ; tradução Flávia Nascimento. — Rio de Janeiro : Paz e Terra, 2011. Título original: Ler mur de Berlin et la chute du communisme expliqués à ma petite-fille Soazig.
  Bibliografia.

ISBN 978-85-7753-157-8

1. Berlim, Muro de - Alemanha - 1961-1989 2. Berlim no comunismo do Século 20 3. Comunismo - Europa Oriental - História - Século 20 4. Europa Oriental - Política e governo 5. História da queda do Muro de Berlim no comunismo do Século 20 6. Pós-comunismo I. Título.

11-01407   CDD-943.08709

Índices para catálogo sistemático:
1. Comunismo : Queda : História 943.08709
2. Muro de Berlim : Queda : História 943.08709

Neste livro, procuramos formular perguntas simples, capazes de servir como introdução a um dos episódios mais marcantes do século XX. Para melhor contextualização dos acontecimentos evocados, uma linha do tempo foi incluída ao final do trabalho.

Sumário

Por que esse Muro, por que Berlim?   11

A época do Muro durou de 1961 a 1989. Foi uma época de força ou de fraqueza do mundo comunista?   17

Quais foram os acontecimentos que puseram fim ao comunismo e levaram à queda do Muro? Foi a política de Gorbachev ou a das democracias populares?   23

Mas como a situação na Europa Central e Oriental pôde contribuir para isso?   25

O Ocidente atribui o fim do comunismo à ação de Gorbachev, mais do que à do sindicato polonês *Solidarnosc*, o que suscitou certo ressentimento na Polônia. Quem desempenhou o papel mais importante?   28

Quais foram as reações, na França, à queda do Muro de Berlim?   34

Podemos dizer que os dirigentes franceses se enganaram constantemente, tanto sobre a Alemanha quanto sobre a URSS? 38

Como a Alemanha encarou esse acontecimento? 40

E qual foi a reação dos russos? 43

Em que consiste a *perestroika* de Gorbachev? 45

Quais sinais anunciaram isso tudo? 47

A *perestroika* foi um fracasso ou um sucesso? 54

Como explicar seu percurso? 56

Quais foram as consequências da *perestroika*? 59

O que fizeram os dirigentes soviéticos após a saída de Gorbachev? 66

Mas o comunismo desmoronou em todos os lugares? E na China, o que aconteceu? 69

Como explicar que o regime de Pequim não tenha sido atingido pela crise mundial do comunismo? 72

E na Europa? O que acontece?	73
Tenho a impressão de que existe hoje uma nostalgia do comunismo. Como explicá-la?	74
Mas qual a razão de ser dessa *Ostalgia*, dessa "chama reacesa" — prestes a desaparecer, aliás — que pode ser observada vinte anos depois da queda do Muro e do fim do comunismo, tanto na Rússia quanto na Europa do Leste?	76
Como cada um desses países encara, hoje, seu passado comunista?	83
O comunismo sobreviveu à sua derrocada?	84
O que resta disso tudo?	85
Quais são as semelhanças e as diferenças entre esses acontecimentos e as grandes revoluções anteriores?	89
E na França?	93
REFERÊNCIAS CRONOLÓGICAS	97
LEITURAS COMPLEMENTARES	101

POR QUE ESSE MURO, POR QUE BERLIM?

MAIS DO QUE qualquer outro episódio, a queda do Muro de Berlim marca a falência do regime comunista. Existiram na história, claro, outros "muros", mas nenhum teve a importância daquele.

Na antiga China, a muralha construída ao redor do país tinha como função defendê-lo das invasões estrangeiras. O *Limes* que circundava o Império Romano era um conjunto de fortificações destinadas a proteger o território dos bárbaros, ao norte, e dos nômades, ao sul. Mais recentemente, o muro meridional de Israel (que não deve ser confundido com o Muro das Lamentações, em Jerusalém) tinha como objetivo preservar o país dos terroristas palestinos. Quanto ao muro que os americanos erigem atualmente na fronteira mexicana, ele visa a acabar com a imigração clandestina.

Todas essas edificações têm uma função defensiva. Esse não é, porém, o caso do Muro de Berlim.

Ele foi edificado em 1961 para pôr fim ao êxodo dos berlinenses e dos alemães da República Democrática Alemã (RDA), que desejavam passar para o oeste do país. Porém, a decomposição do regime comunista na União Soviética e os sobressaltos nas democracias populares — sobretudo na Polônia — suscitaram uma onda de choque tão forte, que o Muro de Berlim cedeu sob a pressão popular, precipitando o fim da RDA e a unificação das duas Alemanhas. Essa queda marcou o fim não apenas dos regimes comunistas do Oriente, como também o da divisão que cindia a Europa em dois blocos desde o fim da Segunda Guerra Mundial.

De fato, desde que, durante o conflito, se constituiu a "grande aliança" entre a União Soviética, a Grã-Bretanha e os Estados Unidos, o futuro da Alemanha passou a ocupar um lugar central nas negociações e rivalidades: permaneceria ela unida? Ou acabaria se fragmentando? Nos acordos de Potsdam, decidiu-se que ela seria dividida em quatro zonas de ocupação (tendo a França direito à sua), enquanto se aguardava a definição de seu futuro estatuto global. Como o restante do país, também Berlim foi dividida em quatro. Ora, a partir de 1946, os antigos aliados adotam políticas radicalmente diferentes. Enquanto os soviéticos, cujo território tinha sido devastado, procedem a uma desmontagem das fábricas nas zonas que haviam ocupado, a fim de favorecer a reconstrução do próprio país e de enfraquecer o ex-inimigo — alienando, assim, a população —, os americanos, ao contrário, utilizam todos os meios para ajudar os alemães a restabelecer uma vida normal: aumentam os donativos privados, contribuem para a reconstrução de Colônia etc. Os "trens da amizade" são concebidos para evitar a adesão dos alemães ao comunismo. Os ingleses adotam a mesma atitude, e assim também os franceses, porém com um pouco mais de reticências. No entanto, somente os Estados Unidos têm meios para fazer triunfar sua estratégia.

Na França, invejam-se os favores feitos aos alemães, um sentimento que explica, ao menos parcialmente, a popularidade do Partido Comunista, que os denuncia continuamente. Depois do "Golpe de Praga", em 1948, e da tomada total do poder pelos comunistas tchecos, com o aval de Moscou, os americanos reagem. Eles integram ainda mais a Alemanha, que controlam através da economia, e associam os ingleses a esse controle. Diante do marasmo por que passa o país devastado, inauguram uma reforma monetária para regenerar a economia germânica. O novo marco, que data de 1948, é lançado apenas até Berlim, o que soa como uma provocação aos soviéticos. A essa reforma, primeiro passo para a criação de um Estado alemão do Ocidente, os russos respondem organizando um bloqueio em volta de Berlim. Começa então uma prova de força, a primeira da Guerra Fria.

Graças à reforma monetária, a abundância renasce nas zonas ocidentais, ao mesmo tempo em que os americanos, para salvar Berlim, lançam uma ponte aérea que, contra todas as expectativas, é um sucesso absoluto. Aos olhos dos alemães, os americanos então se tornam verdadeiros salvadores; sua gratidão será duradoura. Os russos, por sua vez, se veem obrigados a se conformar com a situação, e acabam com o bloqueio de cem dias alegando razões de ordem humanitária.

Nesse meio-tempo, os aliados do Ocidente encorajam os alemães a forjarem uma Lei Fundamental, que servirá mais tarde como base para a criação da República Federal. Logo depois, os soviéticos transformam sua zona em uma República Democrática e acusam os americanos de serem os responsáveis pela divisão da Alemanha.

Naquele momento, porém, os alemães, ainda politicamente anestesiados desde a derrota sofrida, constatam que seu país se reconstrói sobretudo com a ajuda do bloco ocidental. Em 1953, Berlim se revolta contra os comunistas, provando que a cidade, desde o bloqueio e a ponte aérea, de fato se tornara o epicentro da Guerra Fria e o símbolo da luta pelas liberdades.

Ainda assim, a cidade, geograficamente situada no centro da RDA, conhece a coabitação de dois regimes. Portanto, pouco a pouco, uma parte crescente da população da Berlim Oriental e de toda a RDA desloca-se para o Ocidente: logo serão 02 milhões de pessoas. Em 1961, para acabar com tal malogro, os russos e os dirigentes da RDA constroem um muro que proíbe o êxodo. Sua edificação formaliza brutalmente o lado da liberdade, aquele em que se escolhe viver.

Com esse símbolo bem no meio de Berlim, cidade enclavada e ainda assim em contato com o Ocidente, a Alemanha continuava sendo uma nação, porém dividida em dois Estados: RFA e RDA, ambos reconhecidos pela comunidade internacional.

Apesar da permanente tensão criada por essa situação, agravada pela participação das forças da Alemanha Oriental na repressão da Primavera de Praga, em 1968, esboça-se uma tentativa, graças a Willy Brandt*, no Ocidente, de normalizar as relações entre os dois Estados. Um leve abrandamento resulta disso, mas os sobressaltos na Polônia, no final da década de 1970, fazem com que Honecker** tema um contágio pela RDA. O regime da Alemanha Oriental se enrijece, sua polícia, a Stasi, institui um regime de alta vigilância — disso trata o filme *A vida dos outros*, de Florian Henckel von Donnersmarck — e, assim,

---

* Chanceler da República Federal da Alemanha entre 1969 e 1974. Recebeu o prêmio Nobel da Paz por sua política de abertura ao Oriente e por ter se ajoelhado, simbolicamente, diante do memorial do gueto de Varsóvia.
** Erich Honecker foi líder da República Democrática Alemã de 1971 a 1989, e se colocou incondicionalmente ao lado de Moscou nas negociações com a Alemanha Ocidental de Willy Brandt.

mais do que nunca, os alemães do Oriente se esforçam para escapar.

Em sua obra *La Chute du mur de Berlin à la télévision française*, Gilles Freissinier constatou uma "reviravolta" na forma como o Muro era representado na mídia.* Inicialmente ignorado, como a maioria dos assuntos relacionados à Alemanha até 1989, o Muro de Berlim nunca é evocado sob outra forma que não seja a das crônicas ou a das anedotas dramáticas. Mais tarde, ele invade as telas, e sua queda o transforma num acontecimento. Em seguida, principalmente no canal franco-alemão Arte, ele se torna um objeto da história — uma "história-memória" que remete essencialmente à experiência dos berlinenses. Ainda que a queda apareça como uma reviravolta da história, o contexto internacional não é apenas esboçado, por exemplo, a partir das intervenções de Gorbachev sobre a Alemanha.

Atualmente, é a comemoração que suscita sondagens e visitas ao passado, tendo sempre como pano de fundo os testemunhos que exprimem a compaixão pelo destino dos alemães ou o tema da reunificação e das desilusões vividas pelos habitantes da antiga RDA.

Sobre os elos entre a queda do Muro e do comunismo no Oriente e na URSS, contudo, nada é dito.

---

* Freissinier, Gilles. *La Chute du mur de Berlin à la télévision française: de l'événement à l'histoire*. Paris: L'Harmattan, 2005.

A ÉPOCA DO MURO DUROU DE 1961 A 1989. FOI UMA ÉPOCA DE FORÇA OU DE FRAQUEZA DO MUNDO COMUNISTA?

A CONSTRUÇÃO DO Muro foi um ato de força, assim como o bloqueio de Berlim em 1948. Ora, este terminou em fracasso, à semelhança da crise de Cuba de 1961, quando a URSS foi obrigada a retirar os mísseis que havia instalado na ilha para apoiar o regime de Fidel Castro:

> Os soviéticos jamais permitiriam que uma situação dessas se repetisse [...]. Tinha sido fruto do gosto pela "aventura", estimava o almirante Kuznetsov, instalar mísseis num local em que não seria possível mantê-los; o que tornava explícito que *os progressos estratégicos, como a história, devem ser irreversíveis.*

Era a esse dogma que os acontecimentos, até então, de fato haviam dado razão. "Iam no sentido da história": a conversão da China ao comunismo e a emancipação dos povos colonizados, tudo isso selado pela crise de Suez — na qual a URSS dá as mãos aos

Estados Unidos contra as "potências imperialistas" —; o discurso mais ou menos socialista de certo número de dirigentes de nações emancipadas; a extensão desse movimento à África portuguesa e, através de Cuba, a alguns Estados da América Latina. Tudo soava como sinais encorajadores para Moscou, apesar de, nesse mesmo momento, as revoltas nos países do Oriente exigirem a intervenção das forças soviéticas.

Ora, para a URSS, a situação logo muda. Ela é incapaz de apoiar seus aliados árabes contra Israel durante a Guerra dos Seis Dias e entra em conflito com a China de Mao Tsé-Tung, que julga a política soviética "revisionista" e reprova os soviéticos por quererem interferir no destino comunista chinês.

Para prevenir as inevitáveis consequências dessas convulsões, ilustradas pela viagem de Nixon a Pequim em 1972, Moscou muda de posição e se declara apta a trocar o confronto por uma "coexistência na colaboração"; disso decorre um dilúvio de acordos prevendo o desarmamento e a restrição de arsenais nucleares (conhecidos como SALT), bem como pactos econômicos que, segundo os americanos, deveriam "auxiliar a URSS a não ser mais exatamente a URSS", já que se considerava as liberdades políticas uma decorrência natural de uma situação econômica mais folgada.

Essas relações entre a URSS e os Estados Unidos repousavam, na realidade, sobre um enorme mal-entendido. Para os americanos, o desarmamento deve ser acompanhado de uma diminuição da tensão em todos os planos, com cada superpotência permanecendo em seu lugar; assim, eles interpretam de modo restritivo os acordos de Yalta e deixam de tentar fomentar eleições livres nos países do Oriente, contrariamente ao que fora prometido e, até então, jamais cumprido. É isso o que explica o imobilismo dos Estados Unidos durante a repressão, por parte de Moscou, à Primavera de Praga, em 1968. Em troca disso, eles esperam que a URSS não participe da desestabilização do resto do mundo. Para os soviéticos, ao contrário, a manutenção do *status quo* significa somente que a URSS não intervirá ativamente fora de sua zona, notadamente por meio da ação dos partidos comunistas: então ela não propõe seu apoio ao eurocomunismo na Itália nem à união da esquerda na França. Todavia, Moscou não tem a intenção de refrear o "curso da história": deixam Cuba apoiar os pró-comunistas de Angola, ajudam a Frelimo, de Moçambique, e intervêm na região conhecida como Chifre da África, inicialmente junto à Somália e, em seguida, à Etiópia.

Além disso, a URSS pretende se tornar uma potência marítima e mundial, a fim de dotar suas frotas de uma função política ultramarina e de fazer com que elas não dependam unicamente de uma estratégia terrestre ou nuclear.

Essa superpotência faz as vezes de uma barreira contra ecos globais da reação na Europa e no resto do mundo; ela dá segurança aos partidos comunistas — mesmo aos que se encontram em declínio — e até ao conjunto das forças de esquerda que defendem Estados de bem-estar social, cujo protótipo havia sido proposto pela URSS.

Ora, precisamente no momento em que essa potência se afirma, uma imagem negativa do regime soviético começa a se impor. A partir da revelação, feita por Kravchenko em 1949, da existência de campos de concentração na URSS, e também a partir do Relatório Khrushchov*, de 1956, sobre os crimes de Stalin, os escritos dos dissidentes, que descreviam o estado de terror em que vivia uma parte da sociedade, se tornaram abundantes. A revelação mais importante veio em 1962, com o romance *Um dia na vida de Ivan Denisovich*, de Alexander Soljenítsin.** Sua publicação havia sido autorizada por Khrushchov, mas esse "amolecimento" do regime não perdura, e é seguido por uma série de processos contra os autores conhecidos como *samizdats* (que publicam seus

---

* Nikita Khrushchov foi secretário-geral do Partido Comunista da União Soviética até sua substituição por Brejnev. Em 1956, criticou o regime de Stalin, seu predecessor, acusando os genocídios que este cometera e os cultos à sua personalidade.

** Ganhador do prêmio Nobel de Literatura em 1970, Soljenítsin é um dos mais conhecidos denunciantes da repressão soviética, em especial pelos livros *Um dia na vida de Ivan Denisovich* e *Arquipélago Gulag*.

livros por conta própria): Siniavki, Daniel, Guinsbourg, Boukovski.* Os gritos de protesto, inicialmente isolados, dão lugar a uma primeira manifestação pública na Praça Vermelha, em julho de 1968, para denunciar a repressão da Primavera de Praga. Paralelamente, os escritos de Soljenítsin, especialmente o *Arquipélago Gulag*, criticam de modo até então inédito a vida na URSS no tempo de Stalin.

No Ocidente, os acontecimentos de maio de 1968 e de Praga marcam uma virada decisiva, que põe fim ao mito do "modelo soviético", apesar de Georges Marchais, prestes a se tornar secretário-geral do Partido Comunista Francês (PCF), continuar declarando que o balanço geral da experiência soviética "é globalmente positivo".

No Leste Europeu, os acontecimentos nas cidades de Berlim, Poznań, Budapeste e Praga deram a palavra aos povos. A essas vozes junta-se a do novo papa, João Paulo II**, polonês eleito em 1973 e ardente defensor das liberdades religiosas. Ele mobiliza a Igreja Católica para a luta contra o comunismo, ao mesmo tempo em que empreende a reconquista das concessões liberais que haviam sido adquiridas pela Igreja

---

* Dissidente soviético, cuja obra *Une nouvelle maladie mentale en URSS: l'opposition* revela ao Ocidente a existência e o funcionamento dos asilos psiquiátricos da URSS.
** Primeiro papa não italiano após quatro séculos. Fora arcebispo de Cracóvia e contribuíra para a redação de importantes documentos do Concílio Vaticano II.

no tempo do Concílio Vaticano II. Animador, e não apenas maestro, ele contribui para a aproximação entre a Igreja polonesa e os movimentos contestatários reativados por ocasião das greves dos canteiros navais de Gdańsk.

Quais foram os acontecimentos que puseram fim ao comunismo e levaram à queda do Muro? Foi a política de Gorbachev ou a das democracias populares?

O DESMORONAMENTO DOS regimes na Europa Oriental surpreendeu tanto quanto a transformação do regime soviético. Obviamente, sabia-se — desde as revoltas de Berlim, em 1953; de Budapeste, em 1956; de Praga, em 1968; de Poznań e, depois, de Gdynia, na Polônia, em 1970 — a que ponto aqueles regimes eram impopulares. Porém, a caução da URSS, assim como a vigilância e o poder que ela exercia, parecia prometer àqueles países satélites e a seus regimes um futuro inabalável. Quanto à União Soviética, seu partido único fazia dela a encarnação do regime totalitário; os únicos acontecimentos capazes de perturbar sua vida política eram as lutas pelo poder.

Pelo menos era essa a convicção dos observadores, tanto no mundo ocidental quanto nas democracias populares. Quando o russo Amalrik se pergunta, em 1976, se a URSS sobreviveria até 1984, e quando

Emmanuel Todd anuncia a decomposição iminente do mundo comunista na Europa Oriental, é com um silêncio irônico que são acolhidas tais profecias.

Ora, o desmoronamento de fato ocorreu após a instauração da *perestroika* por Gorbachev.

Mas como a situação na Europa Central e Oriental pôde contribuir para isso?

PRIMEIRO, É PRECISO lembrar que os acordos de Yalta não são a origem do abandono da Europa Oriental aos soviéticos. É a sua não aplicação por Stalin e pelos dirigentes dos países do Leste que explica isso. Em Yalta, em janeiro de 1945, os aliados eram incapazes de impedir o progresso das Forças Armadas soviéticas, que já haviam ocupado o terreno. Esses acordos realmente não previam que os comunistas pudessem tomar a totalidade do poder, especialmente na Polônia. Aliás, foi nos países que primeiro se livraram de Moscou — como a Iugoslávia e a Albânia — que os regimes de tipo stalinista sobreviveram por mais tempo. Também é preciso lembrar que regimes fascistoides haviam reinado na Hungria, na Romênia e na Bulgária. Para boa parte da opinião pública ocidental, e não somente para a parcela comunista, o domínio dos soviéticos sobre esses países aparecia como uma garantia contra a volta do fascismo.

Além disso, apesar da política do Kremlin que, durante cerca de trinta anos, buscou unificar os países orientais através de instituições comuns — o pacto militar de Varsóvia, o Comecon (uma espécie de mercado comum) etc. —, tais nações continuaram muito diferentes umas das outras e, com exceção da Bulgária, não se aproximaram do modelo soviético. Nem por isso a arregimentação foi menos efetiva, o que acarretou uma degradação econômica, especialmente na Tchecolosváquia, fazendo com que, após 1968, o país e seus vizinhos alimentassem um ódio contra Moscou mais profundo que o suscitado pelos horrores cometidos pelos nazistas. A identidade particular de cada nação foi conservada, parcialmente graças à existência de uma "sociedade de intelectuais", como os tchecos A. Liehm e Milan Kundera, o polonês Geremek, o húngaro Fejtő etc.

O comunismo se enraizou mais fortemente nos lugares em que, até a Segunda Guerra Mundial, não havia nenhum partido comunista importante ou qualquer tradição democrática. Não foram esses países, Bulgária e Romênia, que puderam influenciar a URSS, mas o contrário. Assim, a Romênia se alinhou, com atraso, ao "modelo" soviético. Muito significativamente, a mulher do ditador Ceausescu[*], que só tinha estudos de nível primário, viu-se nomeada

---

[*] Político romeno cujo regime comunista durou de 1967 a 1989. Desenvolveu um nacional-comunismo que ansiava por se distanciar de Moscou, e se recusou a assinar o Pacto de Varsóvia para suprimir a Primavera de Praga. Em 1989, foi preso, condenado por genocídio e, então, executado.

presidente de uma academia, fenômeno sem equivalente na URSS de Khrushchov e talvez sequer na de Brejnev*, em que *apparatchiks* de origem popular, instruídos mas sem cultura, eram colocados na direção de academias e institutos. Essa situação era bem menos frequente nos países em que os meios culturais haviam sobrevivido, como a Tchecoslováquia, a Hungria ou a Polônia. Esses últimos Estados, que se julgavam mais avançados do que a Rússia, manifestaram certa aspiração à liberdade, com a perspectiva de torná-la contagiosa: ao que tudo indica, o exemplo tcheco de 1968, e mesmo a agitação nos países bálticos ou, em outras palavras, na própria URSS, tiveram efeito sobre a política de Moscou. Se foi antecipação, impulso ou pressão, ninguém pode dizer ao certo.

---

* Leonid Brejnev foi secretário-geral do Partido Comunista da União Soviética de 1964 a 1982 e primeiro-ministro do país de 1964 a 1982. Seu governo foi acometido por uma grande estagnação econômica, durante a qual transpareceu a fragilidade do sistema coletivista.

O Ocidente atribui o fim do comunismo à ação de Gorbachev, mais do que à do sindicato polonês *Solidarnosc*, o que suscitou certo ressentimento na Polônia. Quem desempenhou o papel mais importante?

É difícil "medir" a parte de cada um em um fenômeno tão considerável. Mas é preciso dizer que, no que toca à desvalorização dos fundamentos teóricos do comunismo, a Polônia do sindicato *Solidarnosc* desempenhou um papel pioneiro. De fato, diferentemente dos movimentos de contestação precedentes — de Berlim, Budapeste, Praga —, o que iniciou o *Solidarnosc*, impulsionado por intelectuais como Kuroń e Modzelewski*, foi um levante puramente operário, como o era também seu líder, Lech Wałęsa.** Completamente autônomo, a mera existência desse

---

* Jacek Kuroń e Karol Modzelewski representaram a esquerda crítica polonesa, que rompeu com o Partido Comunista no ano de 1964. Ambos opunham a revolução operária à burocracia política central.
** Fundador e líder do *Solidarnosc*, governou a Polônia após o fim do comunismo, de 1990 a 1995. Católico devoto, suas posições conservadoras diante de determinadas questões sociais acabaram por afastá-lo de parte da classe intelectual do país. No ano de 1983, recebeu o prêmio Nobel da Paz.

sindicato desqualificava o partido comunista, que se proclamava o "partido da classe operária".

Kuroń e Modzelewski compartilhavam da mesma hostilidade em relação aos russos e ao stalinismo, o que os levou a criar uma corrente oposicionista de pouca importância em 1964, mas que se desenvolveu e se tornou, mais tarde, o sindicato *Solidarnosc*. Contrariamente aos levantes de Budapeste, em 1956, ou de Praga, em 1968, esse movimento nada deve ao Partido. Além do mais, apesar de denominado "sindicato", ele não visava a uma forma de autogestão, mas pretendia ser um contrapoder global, que questionasse certos aspectos do funcionamento do Estado: a justiça, a polícia, o controle de informação. O *Solidarnosc* se apresenta, portanto, como uma espécie de substituto da Igreja, à qual ele, aliás, está associado. Seu poder se estende horizontalmente, encorajando a formação de sindicatos camponeses que acabam por derrubar o sistema de coletivização. Tal resultado tem forte valor simbólico. O Partido tenta tomar medidas para voltar às graças da população, mas elas não surtem efeito, e as pessoas acabam por se identificar com esse contrapoder cada vez mais influente.

Para dar fim a ele, o Partido confere autoridade ao general Jaruzelski, isto é, ao Exército, que prende em 1981 todos os dirigentes do *Solidarnosc*. Pela primeira vez, o poder muda de aspecto, e a "normalização" não será iniciativa de uma intervenção soviética, mas dos próprios poloneses.

O general Jaruzelski age de modo a dar uma dimensão positiva à sua intervenção, sob o pretexto de que havia evitado o pior, isto é, uma ação militar soviética. A questão permanece em aberto, mas em todo caso pode-se dizer que ele foi hábil o bastante para impedir que a situação saísse do controle, apesar da repressão de grandes dimensões: mais de 05 mil prisões e uma centena de vítimas, entre as quais o padre Popiełuszko, assassinado em 1984. Entretanto, Jaruzelski acaba compreendendo que deve compartilhar sua legitimidade com o contrapoder oculto do *Solidarnosc*. Seus membros são soltos e convidados a debater numa mesa-redonda com o general. Opera-se assim uma "transfusão de legitimidade em troca de uma inclusão controlada" da oposição (G. Mink). Isso é o que a direita polonesa repreende, hoje, aos ex-integrantes do *Solidarnosc*.

O "novo pensamento" da *perestroika* (isto é, a nova política externa russa) implicava, para Gorbachev, não mais cogitar intervenções: chegou-se, portanto, a um acordo ao final das negociações, quando a situação na Polônia tornava-se explosiva. O impulso dado pelo sindicato *Solidarnosc* era concordante, de fato, com as perspectivas abertas pela *perestroika*, ainda que o risco de um levante como o de Budapeste tenha sido evitado por pouco.

Numa declaração feita em 1986, Gorbachev parabeniza Jaruzelski "por sua capacidade de encontrar soluções para problemas complexos". Em seguida, um membro do alto escalão soviético declara que "o pluralismo sindical não é uma heresia", e até mesmo o jornal *Kommunist*, de Moscou, regozija-se pelo fato de o Partido ter conseguido, na Polônia, restabelecer seu papel diretor na sociedade e no Estado, "instituindo um novo sistema político que reconcilia a democracia socialista parlamentar e a sociedade civil" — propósitos que marcam uma ruptura com o dogma e a lei do regime.

De fato, o processo polonês nada tinha em comum com a situação na URSS, mas ele se desenvolvia paralelamente à *perestroika* lançada por Gorbachev, e assim Moscou encorajava o movimento polonês, marcando uma ruptura fundamental com relação a épocas precedentes. Gorbachev pensava que cada regime se modificaria à sua maneira e em seu ritmo, e que a Hungria seguiria um curso diferente do polonês ou do soviético. Assim, até mesmo o enrijecimento da RDA diante da evolução dos fatos e da queda do Muro de Berlim, em 1989, pareceu passível de ser "digerido" pela estratégia do "novo pensamento", chefiada por Gorbachev, quando na verdade, no Ocidente, a queda do Muro foi vista apenas como uma etapa rumo à solução do problema alemão. Essa interpretação surpreendente marcava uma virada na política de Moscou. Pode-se julgar que o "sinal verde" de Gorbachev, embora bem-compreendido, tenha suscitado reações contrárias nos dirigentes das democracias populares.

Essa nova política havia postulado o princípio da não ingerência nos assuntos dos países "irmãos": Gorbachev permitira que a hemorragia dos alemães orientais rumo à Hungria e à Tchecoslováquia se agravasse, e levara Honecker a fazer reformas liberais motivadas pela *perestroika*: "A vida se encarrega de punir aqueles que chegam tarde demais", teria dito, em vão.

A queda de Honecker, que ocorreu pouco depois, suscitou inúmeras perguntas sobre o futuro. Toda e qualquer intervenção militar era desde então evitada, pois não estávamos mais em 1956 ou em 1968. Em Praga, Vaclav Havel* assegurava a Gorbachev que o projeto socialista não estava mais ameaçado. Em Moscou, certamente ninguém esperava pela queda do Muro de Berlim, mas era o problema alemão que estava no centro de todas as preocupações: o alcance da dupla queda — a do Muro e a de Honecker — não era analisado em toda a sua amplitude, nem sequer

---

* Escritor e dramaturgo tcheco que ocupou o cargo de presidente da Tchecoslováquia e da República Tcheca. Foi um dos promotores da Carta 77, documento elaborado por dissidentes políticos que pedia aos governantes da Tchecoslováquia a ratificação da Declaração Universal dos Direitos Humanos.

como um símbolo, e assim a autoridade de Gorbachev não parecia abalada.

Contudo, os militares se juntaram aos conservadores em sua preocupação com as consequências desses acontecimentos; isso se deu essencialmente nos países bálticos, nos quais o secionamento começou a ganhar expressão. Paradoxalmente, a queda do Muro em si não foi objeto de muitos comentários. Os reformadores quase chegaram a julgar que ela ajudaria na harmonização da "nova política" iniciada por Moscou, à qual resistia a Alemanha Oriental.

Quais foram as reações, na França, à queda do Muro de Berlim?

No dia 9 de novembro de 1989, quando vem abaixo o Muro de Berlim, um profundo grito de esperança percorre todas as mídias do mundo ocidental. Não apenas os alemães orientais estavam livres — 750 mil berlinenses daquele lado da cidade puderam atravessar a fronteira e chegar ao oeste —, mas também o mundo comunista como um todo era agora uma prisão, da qual finalmente era possível escapar.

Na França, como em outros países, as pessoas veem e reveem tais imagens entusiasmantes, saudadas até por parte do mundo comunista: pois não era o próprio Gorbachev — que a Alemanha acolhia como libertador — que garantia desse modo a mudança radical que imprimira à política da União Soviética?

No entanto, em Paris, uma vez passado o momento da alegria popular, compreende-se, com espanto, que "um bloco de cimento armado havia tombado no jardim da França". Pois, se o Muro tinha desmoronado, a Alemanha Oriental poderia também vir abaixo; assim, o adágio enunciado outrora por François

Mauriac veio a se impor à memória de todos: "Gosto da Alemanha, e gosto tanto dela que, quanto mais Alemanhas houver, mais feliz me sinto."

A abertura criada com a queda do Muro não implicaria o risco de desaparecimento da nação germânica dividida em quatro — República Federal, República Democrática, Berlim e Áustria —, a fim de promover novamente a unidade de todos os alemães?

Os franceses não quiseram imaginar tal fantasma, e eis que ele surgia como o reverso do triunfo da liberdade.

Quando Jean Monnet, Robert Schuman e De Gasperi tiveram a ideia de construir um polo industrial siderúrgico e carvoeiro, por volta de 1950, seu principal objetivo era enterrar de uma vez por todas a hostilidade entre a França e a Alemanha, reunindo a produção de carvão e aço dessas duas nações, os quais eram instrumentos de poder e de rivalidade para ambas. A França atava desse modo a Alemanha Ocidental ao Ocidente, reforçando tal bloco diante do expansionismo soviético. Assim, ela passava a controlar a República Federal, sem dúvida uma potência econômica, mas "politicamente anã". O chanceler alemão, Adenauer[*], julgava que essa integração

---

[*] Primeiro chanceler da República Federal da Alemanha, ocupando o cargo de 1949 a 1963. Konrad Adenauer personificou a integração da Alemanha Ocidental ao Ocidente, em detrimento da tentativa de reagregar os dois hemisférios alemães. Opôs-se ao bloqueio de Berlim e à construção do muro.

garantiria o renascimento da Alemanha Ocidental, que se tornaria um ímã para Alemanha Oriental, a RDA, duramente penalizada pelos soviéticos — razão pela qual, ao leste de Berlim, desde 1953, vinham ocorrendo revoltas contra seu regime.

Na França, os meios dirigentes estavam muito satisfeitos com essa aproximação. Um número cada vez maior de franceses, esquecendo o passado, tinha em boa estima os alemães: de 9% em 1954, eles haviam subido para 53% dez anos mais tarde.

Ora, se a relação entre França e Alemanha se tratasse de um casamento, sem dúvida não haveria comunhão de bens. E Giscard tinha a intenção de trabalhar com Moscou pela manutenção da divisão alemã.

Sob a presidência de François Mitterrand, a partir de 1981, o problema muda de natureza. Os pacifistas alemães — os Verdes — tornam-se de tal modo influentes, que a diplomacia francesa passa a temer que a Alemanha Federal se alie à URSS. É apenas em 1986 que a aproximação entre Kohl* e Mitterrand afasta essa perspectiva.

Acabou que, no Leste, a atração exercida pela República Federal se fazia cada vez mais forte, mesmo com os franceses se recusando a imaginar que Bonn

---

* Helmut Kohl foi chanceler da República Federal da Alemanha de 1982 a 1998. Afirmava que a unidade das Alemanhas e a da Europa eram duas faces da mesma moeda.

deixaria aquela situação se prolongar até sair do controle. Mitterrand e Roland Dumas julgam que, quando muito, "um dia, talvez, nossa geração assista à queda do Muro de Berlim". Estamos em setembro de 1989, dois meses antes do início da demolição, sob a pressão dos alemães e das mudanças da URSS.

Na França, o entusiasmo das primeiras semanas posteriores à queda do Muro cede lugar à preocupação: é óbvio que o acontecimento anuncia o fim da RDA e, portanto, também a reunificação das duas Alemanhas. Todos tinham desejado a perenidade da divisão, assim como se acreditava na permanência do comunismo na URSS. Afinal, não era aquele um Estado totalitário?

No entanto, acreditar que a integração da RDA transformaria a Alemanha numa superpotência era outro erro. Na verdade, o preço dessa reunião foi de tal modo elevado, devido à diferença do nível de desenvolvimento entre as duas partes da Alemanha, que seu enfraquecimento econômico temporário afastou, para a França, o perigo de uma dominação irrevogável por parte daquele novo gigante.

Podemos dizer que os dirigentes franceses se enganaram constantemente, tanto sobre a Alemanha quanto sobre a URSS?

Eles se enganaram, em grande parte, a respeito da Alemanha... Com efeito, após a ruptura da Iugoslávia, em 1999, dez anos depois da morte de Tito, Bonn reconheceu de início a independência da Croácia e da Eslovênia, sem consultar Paris ou outras capitais, quando a França de Mitterrand teria desejado prevenir esse esfacelamento, mantendo a Iugoslávia intacta. Assim, até então, nada havia sido possível sem a Alemanha de Bonn. Doravante, nada seria possível contra uma Alemanha reunificada.

Ora, os dirigentes franceses não queriam admitir que, sem reivindicar isso abertamente, Bonn jamais havia deixado de preparar tal reunificação, pois eles imaginavam que a RDA seria indestrutível e se acomodavam a essa ideia.

Considerando os rumos dos regimes da Europa Oriental, e diante da repressão exercida nos tempos de Khrushchov e de Brejnev em Berlim, Budapeste e

Praga, os dirigentes franceses não podiam prever que Gorbachev deixaria a liberação prosseguir naqueles países.

Os franceses continuavam prisioneiros de esquemas tradicionais no que dizia respeito aos regimes de partido único, e foram incapazes de avaliar a extensão das mudanças sociais que se operavam. O dogma parecia intocável, mas a sociedade se transformava a ponto de alterar, por sua vez, os princípios e o futuro do regime: isso é o que se chamou de "novo pensamento".

Na época, porém, quando a URSS estava sob o domínio de Andropov e de Chernenko, quem poderia imaginar a ruptura fundamental que poria fim ao regime — e, ainda por cima, uma ruptura que era comandada por seus próprios dirigentes?

Como a Alemanha encarou esse acontecimento?

VINTE ANOS DEPOIS da queda do Muro de Berlim, é ponto pacífico que foi esse o evento que marcou o declínio e o fim do regime comunista.

O ano de 1989 foi também o do bicentenário da Revolução Francesa, e foi como se essa concordância simbólica confirmasse o significado atribuído à derrocada do comunismo. No entanto, se você comparar as reações da época, mais precisamente as dos principais protagonistas, verá que elas não deixam de surpreender.

Na República Federal da Alemanha, o chanceler Willy Brandt, que não se encontrava mais no poder, mas que ainda era a encarnação da política de aproximação com a URSS, reage nos seguintes termos:

> Poucos dias em minha vida foram tão grandiosos quanto essa sexta-feira. Talvez tenha sido o mais belo dia de minha vida. Vi milhares e milhares de pessoas felizes e emocionadas, dos dois lados do Muro. Vi uma outra cidade, sem agressividade, transbordando

de amizade, de disponibilidade. Uma alegria imensa, e penso naquele mês de agosto de 1961, quando eu sequer conseguia exprimir toda a minha indignação, minha ira, a cólera que me invadia. [...] Pela primeira vez uma revolução alemã teve êxito, uma revolução pacífica, que vai persuadir o mundo de que os alemães precisam de uma nova estrutura política.

Por outro lado, Martin Walser, amigo de Heinrich Böll e próximo de Günter Grass, estima que "é preciso condecorar a Câmara alemã antes mesmo de falar da casa europeia". Portanto, a ideia de uma reunificação preocupa, e isso é confirmado por um apelo lançado por intelectuais do Leste alemão no dia 20 de novembro de 1989:

> Ou confiamos na autonomia da RDA e partimos em busca da construção de uma sociedade solidária [...], ou então, submetidos a fortes pressões econômicas, teremos de tolerar o início da liquidação de nossos valores morais e materiais, até que, mais cedo ou mais tarde, a República Democrática se torne refém da República Federal. Queremos seguir a primeira via.

Como você vê, o trecho citado trata unicamente do futuro das Alemanhas e de sua eventual unificação, sem fazer menção alguma ao comunismo, à sovietização da RDA e às suas relações com a URSS

— com exceção de uma referência à "Casa comum", defendida por Gorbachev, que prega a ideia de uma Rússia próxima da Europa, notoriamente no plano cultural.

E QUAL FOI A REAÇÃO DOS RUSSOS?

ENQUANTO OS ARQUIVOS não forem abertos, isso continuará sendo parcialmente um mistério — como também no caso da Polônia. Você deve se lembrar de que o general Jaruzelski, cujo processo causou furor em 2008, havia declarado que sua proclamação do "estado de guerra", em 1981, tivera como objetivo prevenir uma intervenção armada dos russos, cogitada diante da agravação da situação em seu país. Mas ignoramos se os soviéticos estavam realmente dispostos a agir, como foi o caso em Praga no ano de 1968.

Acontece que, em 1986, em nome da política herdada do "novo pensamento", e depois, em consequência de sua viagem triunfal a Berlim antes da queda do Muro, Gorbachev não quis mais saber de ingerência militar para socorrer os dirigentes da RDA.

Dispomos de poucas informações sobre a reação dos russos à queda do Muro. Naquela data, os soviéticos estão muito mais preocupados com a progressão dos movimentos independentistas nos países bálticos, isto é, dentro da própria URSS. Para eles, tais territórios fazem parte do Império, e o pacto germano-soviético lhes havia permitido recuperar apenas aquilo que os aliados tinham arrancado deles em 1921. Sem dúvida, eles haviam esquecido que, já entre 1914 e 1918, existia um forte movimento pela autonomia da Letônia e da Lituânia, e também que, à frente de seus exércitos, Guilherme II fora acolhido com entusiasmo em Riga.

Uma sondagem realizada no final de 1989 demonstrou que 76% dos moscovitas interrogados eram favoráveis a que a URSS deixasse o Comecon, e que 64% deles desejavam o fim do Pacto de Varsóvia. Durante as eleições presidenciais na Rússia, em junho de 1991, os candidatos que condenavam a política "de fracasso" de Gorbachev obtiveram 11% dos votos, mas esse desempenho foi ainda mais significativo no oeste do país, região que fora ocupada pelos alemães em 1941. A reunificação alemã é considerada positiva por 19% dos russos, e 50% deles não temem suas consequências. Todavia, eles repreendem Gorbachev por ter abandonado a política repressiva sem que os russos pudessem ver qualquer benefício nisso.

Em que consiste a *perestroika* de Gorbachev?

Devido a uma espécie de efeito dominó, a queda do Muro levou à derrocada do comunismo e ao fim do Império Soviético.

Havia muitos anos, no entanto, que se assistia a uma dessacralização do sistema. Os "deuses" que o encarnavam tinham perdido todo o prestígio desde que, em 1963, Khrushchov anunciara que a produção da Rússia seria maior que a dos Estados Unidos. Ora, vinte anos mais tarde, as lojas estavam vazias como jamais tinham estado outrora.

Além do mais, o Olimpo soviético se decompunha ao ritmo da agitação que ganhava as democracias populares. Até a força militar era questionada pelo fracasso do Exército Vermelho no Afeganistão, verdadeiro ninho de vespas "no qual se entra, mas de onde não se pode sair", como proclama um provérbio afegão que data do final do século XIX.

Enfim, o regime soviético, que tinha se apresentado como a "primeira República do amor humano", havia dado mostras de sua perversão e crueldade ao instaurar o *gulag* e os asilos psiquiátricos. A ciência que ele pretendia encarnar havia fracassado, como testemunhava a catástrofe de Chernobyl. E o descrédito do regime se combinava a uma série de acontecimentos internos cujo sentido não se podia mais compreender. Setenta anos depois da Revolução de Outubro, o secretário-geral eleito para comandar o Partido diria, a outra personalidade do regime: "Está tudo podre."*

---

* Khapaeva, Dina; Kopossov, Nicolaï. "Les demi-dieux de la mythologie soviétique. Étude sur les représentations collectives de l'histoire". *Annales: économies, sociétes, civilisations*, n. 47/4-5, 1992, pp. 963-987.

Quais sinais anunciaram isso tudo?

Um levantamento que colocou em ordem decrescente as rendas mais altas, feito em 1987 junto a adolescentes de 16 e 17 anos, é revelador. Ele posicionou no topo da lista os revendedores de roupas estrangeiras, seguidos pelos traficantes e, depois, pelos militares, trabalhadores do extremo Norte, donos de restaurantes, empregados do setor automobilístico, ministros, cabeleireiros, diretores, empregados de lojas, prostitutas, diplomatas, motoristas de táxi, aviadores, açougueiros, professores.*

Como você vê, as personalidades emblemáticas das épocas precedentes haviam desaparecido por completo: os defensores dos colcozes, os adeptos de Stakhanov e até os cientistas e eruditos. Isso era uma nova prova de que o discurso oficial marxista--leninista perdera toda a credibilidade. Já em 1980, quando eu quis assistir às aulas de um curso de marxismo na universidade, num grande anfiteatro, dei-me conta de que era o único ouvinte... Alguns

---

* *Literaturnaja, la Gazeta*, 2 de setembro de 1987.

anos mais tarde, um colóquio foi organizado sobre a "atualidade do leninismo": então essa ideologia já não passava de um ato de fé? Paralelamente, reabilitavam-se os pais fundadores do regime, vítimas de Stalin, como Bukharin e até mesmo, pela primeira vez, um menchevique (opositor ao bolchevismo), Leonid Martov. Sem dúvida, esses sinais diziam respeito apenas a uma ínfima parte da população, porém, mesmo assim, revelavam uma mudança.

Os gigantescos esforços para desenvolver a formação e o ensino técnico, que vinham sendo realizados há várias décadas, tiveram efeitos perversos: os batalhões de engenheiros e técnicos, bem como os quadros do Partido — 50% deles tinham feito estudos superiores em Moscou —, não possuíam mais, em relação ao dogma ou ao discurso dos dirigentes, a postura de "crédulos" que caracterizara a geração de seus pais.

O sucessor de Brejnev, Iúri Andropov, diretor do KGB, tinha compreendido muito bem essa nova realidade. Ele percebia claramente a dissolução da doutrina na sociedade e a penetração das ideias e dos costumes ocidentais entre os jovens, especialmente pelo viés da música. Ele aumentou, portanto, a fiscalização, a fim de frear essa "deriva", mas, ao mesmo tempo, julgando necessária uma reforma do modo de governar, ousou dizer — coisa que lhe foi permitida devido à autoridade de sua função e à sua prática repressiva no poder — que o Partido Comunista "não podia mais ser, numa sociedade evoluída e diferenciada, a única fonte de conhecimento e de poder".

Antes de morrer, em 1980, ele designou como sucessor o então jovem Mikhail Gorbachev, um homem originário das estepes do sul, saído do meio rural, e que entretanto era um eminente jurista. Preocupados com essa escolha, os membros do *bureau* preferiram a ele um velho mais adequado às suas expectativas, Chernenko, a quem Gorbachev se aliou habilmente. O ancião morreu menos de dois anos depois. A situação global do país não parava de se agravar, e Gorbachev, visto como um renovador, finalmente foi eleito, vencendo a disputa com um adversário conservador, Romanov.

Sua chegada ao poder coincidiu mais ou menos com dois acontecimentos de natureza e alcance bem diversos, os quais, no entanto, desempenharam um papel favorável à abertura que Gorbachev preconizava em seu ensaio "O novo pensamento", escrito em companhia de A. Yakolev.

Em 1986, ocorreu a catástrofe de Chernobyl, um acidente numa central nuclear da Ucrânia que revelou a fragilidade desse tipo de usina. Os soviéticos não puderam ocultá-la, como já haviam feito em relação a uma ou duas outras catástrofes menos graves ocorridas anteriormente na Sibéria. Até então, um dos traços do regime era a negação de seus erros e, de modo mais geral, de tudo o que escapava a seu controle e que revelava aspectos disfuncionais do Estado. Com o acidente de Chernobyl, o silêncio se tornava impossível, e toda uma faceta da vida soviética era, assim, desvendada.

O segundo fato, aparentemente insignificante e sem comparação possível com o precedente, foi o aparecimento de câmeras móveis, que passaram a permitir a um novo tipo de jornalistas que penetrasse por toda parte e mostrasse, na televisão, reportagens de um tipo jamais visto anteriormente, pois desvendavam a vida real e não a apresentação oficial de uma usina, de um ministério, de um colcoz. "Palavra... juro que eles tomaram mesmo o poder", foi o que um dia comentou um dissidente em meu escritório de Paris, onde podíamos captar a televisão soviética.

Assim, pouco a pouco vinham à tona as verdades sobre o estado real da sociedade soviética. A transparência, essa *glasnost** que Gorbachev colocara no topo do movimento da *perestroika* — transformação que todos julgavam necessária, mas da qual ninguém ousava falar publicamente —, estava em marcha.

---

* Liberdade de informação.

Essa liberdade de dizer a verdade, que precedia sem dúvida a liberdade de expressão, foi o primeiro "efeito Gorbachev", o que realmente abalou o país. O secretário-geral em pessoa era o perfeito exemplo dela; suas propostas nada tinham a ver com o discurso oficial de seus predecessores, e ele não poupava as frases de efeito:

Os sovietes foram postos de lado.

O partido não tem que substituir os sovietes.

Houve uma substituição das atividades governamentais e administrativas pelo Partido.

Muitas das vezes, os dirigentes sindicais não passam de criados dos diretores das fábricas.

Eles deveriam assumir de uma vez por todas o partido dos trabalhadores, deveriam ser duros.

Más condições de trabalho, um serviço de saúde medíocre, salas de descanso num estado deplorável... e parece até que os sindicatos acham isso tudo normal.

Todas essas afirmações são de um estilo bem diverso daquele que caracterizava as de Brejnev, três anos antes:

Cabe aos sindicatos, antes de mais nada, defender os direitos dos trabalhadores, mas [e esse "mas" é delicioso...] eles não poderiam fazer grande coisa se não reforçássemos a disciplina do trabalho e se a produção não aumentasse.

Do mesmo modo, um dirigente de sindicato, ao ser entrevistado na televisão em 1989, dizia:

A greve não é proibida, mas [sempre este "mas"] ela não é normal neste país.

E acrescentava:

Os comitês que foram criados acharam essa greve normal, eles preconizam a autogestão das empresas, constituindo uma união inter-regional dos comitês de greve.

Não se tem nenhum sinal de que o poder tenha condenado esse movimento. Porém, Gorbachev iria ainda mais longe ao declarar: "É preciso superar o hábito de se basear sempre em ordens vindas de cima." Yakolev, Iéltsin*, Afanasiev e Sobchak aproveitaram

---

* Boris Iéltsin foi figura importante no movimento democrático de 1989, sendo posteriormente eleito presidente do soviete supremo e declarando a soberania da Rússia no seio da URSS. Com o apoio das Forças Armadas e de uma parcela da população, dissolveu o Parlamento de maneira ilegal. Em 1999, deixou o poder, dando lugar a Vladimir Putin.

para acrescentar: "Convém que uma coletividade de trabalhadores tenha o direito de eleger seu diretor."

O movimento de democratização dizia respeito à sociedade como um todo: nos institutos, nas empresas, cada qual se sentia autorizado a exprimir a própria opinião antes que o "partido deliberasse", o que até então teria sido visto como um sacrilégio. Melhor ainda, os eleitos podiam ser escolhidos fora do Partido, frequentemente em detrimento do candidato oficial. Era o centralismo democrático, o monopólio do Partido, que se via assim questionado. Por conformismo, continuavam baseando-se em Lenin, que, naquela época, deve ter se mexido muitas vezes em seu túmulo! O XXVIII Congresso do Partido, em 1990, deu lugar a uma "valsa dos dirigentes" que teve por objetivo dissociar o Partido dos negócios do Estado. Essa reestruturação acarretou uma renovação de 85% dos membros do Comitê Central. Aquela era uma situação completamente inédita na URSS, algo jamais visto.

A *PERESTROIKA* FOI UM FRACASSO OU UM SUCESSO?

GORBACHEV SOUBE CONDUZIR com muita habilidade as negociações com os Estados Unidos acerca do desarmamento, deixando que os Estados satélites da Europa Central operassem sua própria *perestroika* — a qual assumiu, na Polônia, com a coabitação do *Solidarnosc* e de Jaruzelski, uma amplitude inesperada —, de forma a dar ao Ocidente a garantia e a prova de sua vontade de mudança. Ele aceitou também a queda do Muro de Berlim e o desaparecimento do símbolo da antiga divisão da Alemanha e da Europa.

Contudo, ele não conseguiu levar a cabo sua reforma econômica. As lojas, na URSS, continuavam mais vazias do que nunca: às vezes não havia mais sabão, e no mês seguinte faltava carne. Na grande loja Goum, foram os relógios que desapareceram, e em seguida as roupas.

Lembro-me de um dia em que estava em Khabarovsk, ao leste da Sibéria, na época da *perestroika*. No supermercado da cidade não havia nada, a não ser tomates enlatados. Todos os empregados tagarelavam, na falta de clientes para atender. Nas paredes em que se encontravam as estantes vazias, era possível ler a inscrição seguinte, gravada em letras vermelhas: "Aqui nós estamos a serviço dos trabalhadores." No saguão do hotel, eu esperava um colega e ouvi o seguinte anúncio numa rádio: "As notas de alto valor não serão mais aceitas amanhã... Todos devem trocá-las nos bancos, munidos de seus documentos." Antes que as pessoas reagissem, tive tempo de trocar uma dessas notas, mas quando quis trocar a segunda, recusaram. Dos elevadores saíam pessoas aflitas: "Eles nos dão a liberdade, mas é para nos tirarem dinheiro!"

Na cúpula, Gorbachev acumulava poderes. Ele herdou os poderes do Partido, que ajudara a diminuir, e acrescentou a eles os da presidência dos sovietes, que ajudara a regenerar. Por esse motivo, passou a suscitar descontentamentos, pois alguns, como Boris Iéltsin ou Alexandre Zinoviev, julgavam que ele havia se tornado um tirano, semelhante a seus predecessores.

Como explicar seu percurso?

Devido ao fracasso da reforma econômica — um processo de privatização que se choca de frente com os ministérios —, Gorbachev pensa que apenas uma reforma política global permitiria descongestionar o sistema e regenerar, posteriormente, a economia. Ele pensa que a desvalorização da moeda é uma garantia de sucesso em tal empreitada, mas isso levanta a opinião pública contra ele.

As primeiras medidas econômicas não têm efeito algum — a liberdade de apreçamento faz com que os valores subam muito, e não há melhoria no comércio —, então a opinião pública se desilude: a partir de 1990, Gorbachev se encontra em situação delicada, incapaz de controlar os reformadores mais radicais, como Anatoly Sobchak, eleito prefeito de Leningrado, e, mais ainda, Boris Iéltsin. Este chega à presidência do soviete da Rússia e logo consegue se eleger presidente por meio do sufrágio universal, o que lhe outorga uma legitimidade mais democrática do que aquela de que gozava Gorbachev. No dia 1º de maio de 1990, Gorbachev é vaiado pelos representantes dos grupos "informais" que tinham se constituído graças à liberalização que ele mesmo iniciara.

De fato, ele contribuíra para a democratização ao satisfazer, não sem hesitação, a uma solicitação de Sakharov*, que reclamava a supressão do artigo 6° da Constituição de 1977. Esse artigo oficializava a decisão de Lenin de fazer do Partido Comunista "a força que dirige e orienta a sociedade soviética [...] e confere um caráter cientificamente fundamentado à sua luta pela vitória do comunismo". Seu texto não especificava que o Partido devia ser único, mas, antes mesmo de sua supressão, em 1990, inúmeras formações políticas se haviam constituído. Elas se apresentavam como "informais", a fim de evitar os erros característicos das organizações estruturadas, a respeito dos quais os cidadãos soviéticos estavam plenamente conscientes.

Essas liberdades recuperadas permitiram que todos os descontentamentos fossem expressos, e a televisão se tornou porta-voz dos mesmos, transmitindo os debates do soviete supremo que os eleitores "livres" de 1989 haviam renovado. As discussões versavam sobre o alcance que deveriam ter as reformas: os radicais exigiam uma democratização total, ao passo que os conservadores recusavam cada vez mais a

---
* Dissidente soviético, o físico nuclear Andrei Sakharov foi um grande defensor dos Direitos Humanos. No ano de 1980, iniciou seu exílio, que só teve termo com Gorbachev. Recebeu o prêmio Nobel da Paz em 1975.

A REVIRAVOLTA DA HISTÓRIA | 57

autoridade de Gorbachev, "coveiro" do regime. Este pensou que seria hábil fazer deles aliados. Na realidade, eles acabariam fomentando um *putsch*, ou melhor, um golpe de Estado, em 1991. De fato, todos os conjurados pertenciam ao governo.

Salvo pela reação dos democratas liderados por Iéltsin, Gorbachev, na verdade, havia se tornado alvo daqueles que o haviam designado como chefe: ele pediu demissão de seu cargo de secretário-geral do Partido e decretou a dissolução do Comitê Central. Essas decisões marcaram o fim da *perestroika*.

Gorbachev, contudo, permanecia no cargo de presidente da União Soviética, mas era apoiado por Iéltsin, que atuava como a corda que oferece ponto de apoio a um enforcado.

Quais foram as consequências da *perestroika*?

No momento em que havia conseguido desmantelar o sistema de relações entre o Partido, o Estado e as instituições sociais, tendo também iniciado a democratização do país — para "acabar com a burocracia" e realizar a reforma econômica —, Gorbachev se vê expulso do poder justamente por aqueles que "educara" para a liberdade. Ele não tinha percebido que o território da URSS alimentava um "problema nacional" que explodiria em suas mãos, como uma granada.

Ao pôr em ação sua estratégia de democratização, Gorbachev apenas diagnosticara superficialmente o problema nacional e colonial. Ele não reagiu aos acontecimentos dramáticos de Baku, onde armênios foram massacrados pelos azerbaidjanos, nem às revoltas de Alma-Ata, no Cazaquistão. Nesse último caso, ao proceder à exoneração dos quadros implicados, ele substituiu um "reformador" por um "conservador", sem se dar conta de que estava substituindo um cazaque por um russo. Até nos países bálticos, em que o movimento nacionalista tinha se integrado a uma frente favorável à *perestroika*, Gorbachev não conseguiu falar em uníssono com os movimentos que estavam em curso. Prova disso é que, no decorrer de uma viagem tardia à Lituânia, ele acreditou ser oportuno falar das "necessidades da defesa da URSS"; essa concessão aos conservadores comprovou sua falta de sensibilidade para com a questão das nacionalidades.

É surpreendente que esse homem, tão lúcido e crítico em relação ao sistema político soviético, cujos arcanos ele dominou tão bem e por tanto tempo, tenha sido capaz de fazer declarações tão ingenuamente otimistas a respeito do problema nacional. Assim, quando ele evoca as populações do Cáucaso — região que conhecia bem, por ser originário de lá —, a impressão é a de ouvir um subsecretário de segurança de Biskra discorrendo às vésperas dos eventos ocorridos na Argélia: "Sei o quanto os montanheses são sensíveis à amizade, mas também a toda manifestação de desprezo." Se evocava as dificuldades, ele as qualificava como "ninharias administrativas"; se abordava o problema da língua, fator de desigualdade, era para insistir na necessidade de se falar russo. Então aludia aos Estados Unidos, "onde todos, seja qual for sua origem, falam inglês". No entanto, os que falam inglês nos Estados Unidos imigraram para lá por vontade própria, ao passo que os azerbaidjanos e os lituanos jamais pediram para ser cidadãos soviéticos.

Os problemas coloniais e nacionais, em especial no Cáucaso e na Ásia Central, são em sua maioria inéditos. Em primeiro lugar, constata-se que, localmente, a política de desrussificação empreendida desde 1920 consolidara uma espécie de autogoverno de certas repúblicas pelas populações locais. Até no Cazaquistão, onde os russos constituem quase dois quintos da população total, mais da metade dos trezentos dirigentes, no ano de 1986, era formada por cazaques. Numa pesquisa em que se perguntava aos cidadãos se eles tinham a impressão de que o poder dos autóctones havia aumentado nas últimas décadas, 67% dos cazaques responderam que "sim", ao passo que 59% dos bálticos achavam que seu poder havia decaído. Aquele era um sinal de que o problema nacional era mais agudo nos países bálticos do que nas repúblicas muçulmanas. Assim, à época dos massacres dos armênios no Azerbaidjão, Gorbachev ficou surpreso pelo fato de a milícia nada ter feito para conter a violência. Ora, mais de 50% dela era composta por azerbaidjanos, e era realmente improvável que estes atirassem contra seus compatriotas para proteger armênios.

Nessas condições, toda medida autoritária vinda de cima, tal como o afastamento de dignitários ou de responsáveis, é sentida como uma afronta, tendo repercussões por vezes violentas, como foi o caso das revoltas de Alma-Ata, onde a oposição cazaque foi reprimida pelas autoridades soviéticas. Do mesmo modo, a transferência de armênios cristãos, vítimas do episódio do Azerbaidjão, para a Ásia Central esteve na origem das revoltas de Duchambe, capital do Tadjiquistão: os armênios atingidos foram alojados prioritariamente, por decisão de Moscou, num momento em que a região contava com mais de 100 mil desempregados e as favelas não paravam de aumentar, o que, embora não os justifique, explica os incidentes. Um comitê de intelectuais, todos eles muçulmanos, não deixou, aliás, de exprimir sua solidariedade, assim como sua vergonha, para com os armênios, mas isso foi em vão.

Na época da *perestroika*, assistiu-se finalmente a uma deriva das repúblicas, as quais, cada qual à própria maneira, engajaram-se na busca de autonomia.

O movimento foi acompanhado pela perda de importância, na alta cúpula do Estado soviético, dos altos dignitários que representavam tais repúblicas. Evidentemente, essas personalidades estavam presentes nas instâncias dirigentes, como o Comitê Central, mas, há quarenta anos, o processo de russificação — ou pelo menos de eslavização — do *bureau* político, instância suprema do regime, dava mostras de uma surpreendente evolução. Dos 264 dirigentes bolcheviques identificados entre 1920 e 1924, 47 eram russos e 119, não russos. Durante os anos de 1952 a 1982, a cada trinta membros, havia uma dezena de não eslavos, entre os quais um uzbeque, um cazaque e um azerbaidjano. Em 1985, não havia mais nenhum muçulmano representando nacionalidades no *bureau* político, tendo Aliev sido excluído por Gorbachev à época das mudanças ocorridas nos anos de 1987 a 1989.

Essa diminuição bem visível do número de muçulmanos teve como consequência um recuo ainda mais amplo dos não eslavos. Na cúpula do Estado, a presença de Shevardnadze é percebida pelos muçulmanos como a de um russo, um georgiano, um cristão. A época de gente como Ordjonikidze, Stalin e Mikoian (um dos dirigentes do Partido Comunista) estava realmente terminada.

À deriva, as repúblicas ora se veem atraídas pela total liberdade — é o caso da Lituânia, da Letônia e da Estônia —, ora buscam reforçar sua autonomia, continuando, porém, a se beneficiar dos auxílios concedidos por Moscou.

A situação não é de modo algum a mesma de uma Argélia colonial, por exemplo. Na Europa Oriental, os muçulmanos voltaram a mandar, ao menos em parte, em suas próprias repúblicas e nos assuntos ligados a suas vidas cotidianas. É significativo que a menor intervenção do exército soviético, majoritariamente russo — especialmente no que diz respeito aos oficiais —, seja considerada uma agressão, como manobras de uma tropa de ocupação. No Azerbaidjão, muçulmanos soviéticos chegaram a falar de um "novo Afeganistão", o que também ocorreu, mais tarde, na Tchetchênia.

Esses elementos permitem compreender como a União Soviética desmoronou junto com o comunismo e como a questão nacional foi tratada de modo aparentemente contraditório. Gorbachev organizou as primeiras eleições livres nas democracias populares em 1989, permitindo que pessoas não filiadas se candidatassem e fossem eleitas. A surpresa foi grande, em Moscou, quando se soube que na Armênia os "reformadores" haviam adotado, como grito de guerra, "Karabah, Karabah", uma reivindicação nacionalista antiazerbaidjana. De modo inverso, nos países bálticos, considerados os mais secessionistas, "frentes" democráticas se constituíram para defender as reformas de Gorbachev contra os conservadores. A liberdade resultou, tanto lá como cá, na constituição de frentes nacionais que levaram Gorbachev a revisar o pacto soviético e a negociar um tratado da União que oficializaria a crescente autonomia das repúblicas.

Essas repúblicas reivindicam e obtêm mais poderes e maior autonomia, de modo que a burocracia central moscovita se sente ameaçada em sua hegemonia e decide se opor à reforma econômica. Ela havia aderido à reforma com a condição de que a privatização das grandes empresas se fizesse de modo vantajoso para os *apparatchiks* que as gerenciavam. Porém, a partir do momento em que ficou claro que essas empresas poderiam lhes escapar e ser gerenciadas pelas repúblicas, a burocracia virou-se contra a mudança. O tratado da União acarretava o risco de privar Moscou do domínio econômico generalizado da URSS, pois as repúblicas passariam a dispor de soberania econômica.

Portanto, não foi por acaso que o malsucedido golpe de Estado de 19 de agosto de 1991 contra Gorbachev tenha ocorrido na véspera da assinatura do tratado da União e que ele tenha fracassado porque a decomposição do Estado soviético estava mais avançada do que seus dirigentes haviam imaginado. O novo mundo dos negócios e a mobilização dos jovens a favor da corrente democrática de Iéltsin foram capazes de salvar momentaneamente a *perestroika* — e também Gorbachev, ainda mais provisoriamente. Reprovaram-lhe a escolha dos ministros fomentadores do golpe, e o próprio Gorbachev se tornou refém de seus libertadores. O golpe de Estado tinha como objetivo prevenir a assinatura do tratado da União, mas ele ocorrera apenas porque Gorbachev destruíra os fundamentos do poder estatal.

O QUE FIZERAM OS DIRIGENTES SOVIÉTICOS APÓS A SAÍDA DE GORBACHEV?

MAIS DO QUE uma explosão, foi uma implosão o que aconteceu na União Soviética, e Boris Iéltsin foi seu instigador.

O problema nacional se impunha com agressividade e cada vez mais intensamente, pelo menos nas repúblicas cristãs — na Geórgia, nos países bálticos e até mesmo na Ucrânia. A situação econômica e alimentar continuava desastrosa. O Estado e o Partido não tinham mais autoridade — aliás, nenhuma instituição tinha: no lugar da *perestroika*, o que acontecia, na verdade, era uma *rasstroika*, isto é, uma "bagunça", uma desordem. Conservadores e democratas se alternavam, pondo cada vez mais lenha na fogueira.

— O senhor não teme que sua rivalidade com Gorbachev acabe ocasionando o fim da URSS? — perguntei um dia a Iéltsin, numa de suas passagens por Paris.

— Numa poltrona, só há lugar para um — foi o que me respondeu, sem maiores comentários...

Ele, um típico *apparatchik*, já havia manifestado essa determinação realizando diversos atos simbólicos. Ainda membro do Partido durante os anos de 1986 e 1987, Iéltsin criticara publicamente a política de Gorbachev, atitude até então inédita. Em seguida, se candidatou democraticamente às eleições, pedindo demissão do Partido, e conseguiu se eleger. Também havia dissolvido o Partido Comunista na Rússia no momento do golpe de Estado. Enfim, de maneira inimaginável, ele proclamara a soberania russa no seio da URSS. Isso era um pouco como se De Gaulle decidisse, em seu tempo, fazer com que a França saísse da União Francesa, em que estavam agrupadas, naquela época, a França e suas colônias. Os russos tiveram, portanto, a impressão de se libertar repentinamente do fardo das repúblicas, em vez de precisarem vê-las se destacando uma a uma da URSS ou de sofrerem chantagens em prol da secessão. Dessa forma, Iéltsin conseguiu obter parcialmente o apoio das Forças Armadas, que reprovavam Gorbachev por ter "abandonado" as democracias populares.

A partir do momento em que a Rússia se declarou soberana no seio da URSS, as outras repúblicas fizeram o mesmo. Isso, até então, era uma possibilidade que elas sequer tinham imaginado.

O objetivo real da ação de Iéltsin era esvaziar o poder federal de qualquer sentido, isto é, reduzir a nada a presidência da União, que ainda estava nas mãos de

Gorbachev. Não restou a este nenhuma outra solução além de exonerar-se, o que fez em dezembro de 1991. A responsabilidade pelo Kremlin passou então às autoridades russas, e o congresso dos sovietes se tornou uma instituição vazia. Com exceção da Letônia, que as tinha precedido, todas as repúblicas se tornaram soberanas. Os lituanos, os letões e os estonianos reivindicavam a autonomia, porém sem acreditar muito nela, como os ucranianos e os tadjiques. As outras comunidades étnicas, por sua vez, eram na verdade mais hostis ao centralismo do que realmente favoráveis ao franco separatismo. A guerra da Tchetchênia é testemunha disso, pois o país só manifestou sua dimensão nacionalista porque Iéltsin, democrata por estratégia, mas essencialmente centralista, havia recusado aos tchetchenos a possibilidade de gerenciarem os próprios recursos petrolíferos. O que se seguiu é de conhecimento geral.

Mas o comunismo desmoronou em todos os lugares? E na China, o que aconteceu?

No dia 4 de junho de 1989, uma manifestação de estudantes, intelectuais e operários chineses foi violentamente reprimida na Praça da Paz Celestial, em Pequim. A queda do Muro de Berlim ocorreu no dia 9 de novembro do mesmo ano. Algum tempo antes, Gorbachev havia ido à China, a fim de aplacar a agitação e recomendar medidas aos dirigentes chineses. Entretanto, não foi porque a repressão na China precedeu a queda dos regimes do Oriente que ela não teve efeito.

A morte de Mao Tsé-Tung, em 1976, não acarretou modificações no regime chinês, diferentemente do que ocorreu com Chu En-Lai, seu velho camarada, considerado mais liberal, que faleceu logo depois de Mao; à sua morte seguiram-se manifestações espontâneas por parte dos jovens, que exprimiam assim uma aspiração liberal que estivera latente.

O poder vai para as mãos de Deng Xiaoping, que lança então um plano conhecido como o das "quatro modernizações". Ele reabilita as vítimas do maoismo e autoriza a construção do Muro da Democracia, no qual qualquer um pode registrar suas queixas. O Partido Comunista, no entanto, conserva um poder absoluto, mesmo depois de os *dazibaos* (pequenos cartazes de expressão livre pregados nos muros) terem sido autorizados em cerca de vinte cidades.

Mais do que um movimento democrático organizado, uma espécie de nebulosa se forma então, na qual os estudantes, os intelectuais e os reformadores não mais hesitam, dentro do Partido, em defender teses liberais, nem em rejeitar, por unanimidade, um apelo direto à sociedade civil, isto é, aos operários e aos camponeses. Eles temem que um movimento de massa acarrete excessos semelhantes aos ocorridos durante a Revolução Cultural iniciada por Mao Tsé-Tung, cujos estragos ninguém havia esquecido.

Os dirigentes do Partido creem, sem razão, na emergência de uma espécie de *Solidarnosc* chinês no interior da própria organização.

As expulsões de diversos cientistas, escritores e jornalistas do Partido, bem como a exoneração de Hu Yaobang, complicam ainda mais as coisas. Os estudantes, sem passado político, tomam a dianteira do movimento: são 100 mil a declarar a mobilização como "patriótica e a favor da democracia", ao passo que o regime os qualifica de "contrarrevolucionários". No dia 4 de junho de 1989, eles são massacrados na Praça da Paz Celestial. O acontecimento marca o fim dessa luta pela liberalização e pela democracia. Ele dá início a um novo período de repressão, que vai se combinar a um voluntarismo econômico inédito: o setor privado será responsável, em alguns anos, por 40% da produção industrial, ocupando 30% da mão de obra não agrícola. O Partido conserva seu monopólio, mas se acomoda a uma liberalização econômica, que assegura ao país um crescimento fulgurante e faz com que ele se volte para o exterior.

Como explicar que o regime de Pequim não tenha sido atingido pela crise mundial do comunismo?

Pelos idos de 1985 e 1986, Gorbachev decreta a *glasnost* e procede à democratização da vida política; porém, ao mesmo tempo, pode-se assistir a um bloqueio das reformas econômicas — que eram urgentes — por parte do sistema burocrático. Gorbachev faz o possível para quebrar as rígidas estruturas políticas, mas não consegue conter aqueles que, como Iéltsin, querem romper com o comunismo, assim como não consegue frear o desejo de autonomia das democracias populares.

Na China, ao contrário, o poder político jamais abandonou aquilo que caracterizava o regime, isto é, o partido único como sua fonte de legitimidade. Entretanto, consciente do fracasso das reformas econômicas de Moscou, Deng Xiaoping rompe com a tradição estatal e a troca por uma economia de mercado, que pouco a pouco vai se impondo em todo o país. O regime, todavia, permanece marxista, e recusa todo e qualquer pluralismo político.

E na Europa? O que acontece?

NA ALEMANHA, DESDE a queda do Muro e a reunificação, o pluralismo democrático é o sistema dominante, mas aquela que fora a parte oriental do país acredita-se tratada como menos importante, quando não se julga sacrificada...

Na Rússia, o pluralismo político é mais aparente do que real, mas ainda assim a democratização controlada progride. A economia se regenera a largas passadas a partir de Putin, mas, como na China, determinada parcela da população se sente abandonada, julgando-se vítima dessa evolução.

Tenho a impressão de que existe hoje uma nostalgia do comunismo. Como explicá-la?

SE ASSISTIU AO filme *Adeus, Lenin!*, ou então a *A vida dos outros*, cuja ação se passa na República Democrática Alemã no momento da queda do Muro de Berlim, você deve ter ficado espantado ao ver, nesses países do Leste ou na Rússia, um sentimento de *Ostalgia* (termo formado pela combinação da palavra alemã *Ost*, que quer dizer "leste", com "nostalgia"), a lembrança melancólica daquele passado. No primeiro desses filmes, uma farsa política, os membros de uma família escondem de uma velha militante comunista o fim do regime. Pelo fato de temerem que ela seja vitimada por uma crise cardíaca, eles continuam respeitando, num registro paródico, todos os ritos comunistas do passado. O segundo filme é mais trágico. Ele descreve os métodos da Stasi, a polícia política da Alemanha Oriental que põe a sociedade sob forte vigilância, a fim de capturar os inimigos reais ou virtuais do regime — sobretudo quando se trata do rival sentimental de um de seus dirigentes! *A vida dos outros* reconstrói brilhantemente a atmosfera sufocante de um regime baseado na espionagem permanente e na delação.

Na Rússia soviética, durante a época de Brejnev, os hospitais psiquiátricos pouco a pouco foram tomando o lugar do *gulag*, mas um vento de temor persiste, enfraquecido apenas pela desordem russa. As informações que acabam vazando do país — sem falar no testemunho dos dissidentes — fazem com que se ouça o eco dos velhos medos que impregnavam a sociedade. Um belo filme de Minaev, *Far from Sunset Boulevard*, oferece um relato tocante da situação.

Mas qual a razão de ser dessa *Ostalgia*, dessa "chama reacesa" — prestes a desaparecer, aliás — que pode ser observada vinte anos depois da queda do Muro e do fim do comunismo, tanto na Rússia quanto na Europa do Leste?

Você deve se lembrar de que, durante mais de meio século, a imagem do regime soviético chegava ao Ocidente por meio de um espelho deformador. Por um lado, apresentava-se um paraíso dos trabalhadores que fascinava todos os revolucionários, maravilhados com os sucessos de Outubro de 1917 e com a eliminação das classes dominantes tradicionais. Por outro, via-se que a construção daquela nova sociedade havia acarretado violências indescritíveis. Antes mesmo do *gulag*, essa metamorfose horrorizou o Ocidente, e, depois de 1945, a sovietização do Leste Europeu fez com que se temesse uma expansão do regime comunista rumo ao Ocidente. O golpe de Estado de Praga, em 1948, e a Guerra da Coreia (1951-1953), depois da conversão da China ao comunismo, não tinham sido sinais precursores? Essa dupla representação falseou toda a análise crítica do sistema. Ela tornou incompreensível sua brutal derrocada, semelhante à de um castelo de cartas, e ocultou sua evolução e alguns de seus traços mais essenciais.

Os observadores, obcecados pela dimensão totalitária desse regime e por seu partido único, não viram que a onipotência do partido não era suficiente para dar conta da lenta paralisia do sistema. Eles creditaram essa falha à "burocracia", quando o "pluralismo dos interesses" era, na verdade, o maior responsável. Dessa maneira, havia, no âmbito da federação, 121 institutos para as obras de desvio dos rios siberianos que disputavam entre si as verbas do poder central, ainda que cada um deles fosse dirigido por membros do Partido. No âmbito local, um filme de Panfilov, *Proshu slova*, retrata o desmoronamento de um imóvel, caso que provoca um "jogo de empurra" acerca da responsabilidade pelo acidente, em que cada instância acusava a outra: o soviete da cidade incrimina o sindicato dos arquitetos, que acusa o coletivo dos geólogos, que ataca a administração regional e assim por diante. Todos são filiados ao Partido, mas ninguém quer arcar com o custo dos consertos.

"Neste país há democracia em excesso", clamava Chernenko, o predecessor de Gorbachev. Compreende-se hoje o sentido dessa frase que, na época, escapou ao Ocidente. Com um partido de quase vinte milhões de membros em 1989, a estrutura social do poder nada mais tinha de comparável àquela que existia quando o núcleo diretor pensava ser capaz de controlar sua composição. Por volta de 1975, a participação voluntária dos operários na redação dos relatórios do soviete supremo diminuiu: estes representavam um quarto dos efetivos globais, mas redigiam apenas 6% dos relatórios destinados ao *Praesidium*. Pouco a pouco, essa instância se "desplebeaniza": engenheiros, técnicos e funcionários com formação universitária os substituem... Nas eleições livres decretadas por Gorbachev, durante a época da *glasnost* e da *perestroika*, são eles que tomam a palavra, e quase nunca os operários ou os membros dos colcozes.

Por capilaridade, as ideias contestatárias ganham pouco a pouco as esferas superiores do Partido — a escolha de Gorbachev como secretário-geral é prova disso, bem como a cumplicidade com Sakharov, que à época se encontrava em prisão domiciliar. Muito rapidamente, a liberalização política se manifesta por meio de uma verdadeira ruptura: Sakharov é posto em liberdade, os campos de detenção são fechados e a imprensa ganha liberdade de expressão. Tudo isso é acompanhado pela concessão de maior autonomia às democracias populares, o que correspondia ao desejo do Ocidente.

No seio da URSS, estigmatizando as derivas do Partido Comunista, as carências dos sindicatos e a impotência dos sovietes, a *perestroika* visava romper os grilhões que ligavam as diferentes instituições ao Partido, denunciando também os excessos do centralismo democrático. Instituições e cidadãos podiam, a partir de então, falar em seu próprio nome; o Partido não tinha mais o monopólio da palavra. Cada um podia dar livre curso a suas lembranças, e viu-se, assim, o aumento das instâncias — *Pamjat, Memorial* etc. — que analisavam os dramas por que passara a sociedade, especialmente o *gulag*. Tais debates sobre o passado da Rússia ainda são colocados em primeiro plano, em detrimento dos projetos reais para o futuro.

Gorbachev queria aproveitar esse vazio institucional para liberalizar a economia, coisa que o sistema em vigor até então tornara impossível. Porém, o sopro de liberdade levou o país ainda mais longe: o radicalismo de Iéltsin varreu o regime e, com ele, Gorbachev.

Nunca a falta de produtos tinha sido tão alarmante como na época em que Iéltsin e Gaidar, seu primeiro-ministro, dão início às primeiras etapas da privatização, às quais se seguiram as dispensas em massa de trabalhadores. A inflação aumentou, tornou-se impossível pagar os salários; milhões de pessoas se viram sem recurso algum, obrigadas a vender seus bens pessoais para sobreviver. Assim, uma vez instaurada a privatização, cada qual recebeu um cupom, mas muitos tiveram que passá-los adiante a fim de saldar as despesas cotidianas. Os membros da *nomenklatura* mais bem posicionados adquiriram tais cupons por uma ninharia, e então o reinado da Cleptocracia teve início, caracterizado pelas privatizações feitas de modo selvagem; o petróleo, o gás, os minerais passaram para as mãos de alguns poucos poderosos, e o banditismo se impôs nos meios bancários. Nesse clima frenético, os mais modestos acreditaram poder se safar na base de arranjos como este: num instituto qualquer, por exemplo, os empregados se organizaram em cooperativa para privatizar as... máquinas de fotocópia.

Com a rede institucional e produtiva assim desmantelada, os russos se sentiram à deriva. Os serviços públicos de educação e de saúde iam caindo implacavelmente no abandono, sem falar da estabilidade no emprego, bem maltratada pela privatização. Com exceção de uma minoria cada vez menor, todos amaldiçoavam as reformas que estavam na origem desse marasmo e, com elas, Gorbachev, que tinha posto fim ao poder da Rússia. Apenas alguns "coletivos" persistiam, dos quais alguns faziam parte mesmo que não estivessem mais trabalhando. Diversas redes de troca e de relações informais começaram a se formar, como fantasmas do antigo regime.

Pode-se então compreender por que determinada parcela da população condena a sociedade que resultou da *perestroika*: as pessoas idosas, os desempregados, os que haviam deixado seus "coletivos" para construir uma vida nova (cerca de 15% da população ativa) e os aposentados foram as primeiras vítimas dessas reformas. Outrora, os soviéticos incriminavam a burocracia, mas, paradoxalmente, os russos encontram-se hoje ainda mais distanciados das esferas dirigentes. É verdade que, antes, eles se sentiam controlados; mas é verdade que se sentiam enquadrados também. Agora que o modelo ocidental se impôs, os magnatas substituíram de vez os tsares, e muitos possuem a impressão de terem sido deixados para trás.

O mais impressionante com relação à URSS é, sem dúvida, o fato de que muitos dos que lá viveram não perceberam o sentido da evolução e das reformas então em curso. Assim, em 1989, a Academia de Ciências me pediu que lhe "explicasse" o que estava acontecendo. Talvez seus membros pensassem que um estrangeiro estivesse mais apto a decodificar a marcha da história? O fato é que, em sua maioria, os russos estavam perdidos. A irrupção da liberdade de expressão trouxera debates incessantes sobre o passado, os quais se sobrepunham à vontade de construir o futuro. Os acontecimentos tinham sido provocados pelo poder, e a sociedade não ganhara participação neles, a não ser depois do fato consumado. Desde então, na "democracia" que se instalava aos poucos, a gestão se tornou mais importante do que o pluralismo — que continua sendo uma ficção —, e os cidadãos não passam de espectadores.

A queda do regime se passou de maneira totalmente diversa nas democracias populares. Nelas, os grandes abalos vieram de baixo: em Berlim, no ano de 1953, em Budapeste e em Poznań, em 1956, em Praga, no ano de 1968, e novamente na Polônia, as reformas emanaram do poder constituído, mas as massas também se mobilizaram. As populações permaneceram atentas à evolução dos fatos, especialmente na Polônia. Na vanguarda teórica e combativa, o *Solidarnosc*, sindicato que se tornou autônomo, desenhava uma via de liberalização entre o Partido, a Igreja, as Forças Armadas e a Rússia de Gorbachev. No restante dos países do Oriente, que ocupavam a retaguarda, o partido comunista da Alemanha Oriental censurava as informações vindas de Moscou e aprovava a repressão da Praça da Paz Celestial. A torrente de alemães atravessando o Muro de Berlim — eles atingiram o fluxo de quinhentos por hora — testemunhava sobre uma tensão que levou à demissão de Honecker e à queda do Muro, ao mesmo tempo em que ecoava o grito: *Wir sind das Volk, Gorbi-Freiheit!* ("Nós somos o povo, Gorbi, a liberdade!")

Como cada um desses países encara, hoje, seu passado comunista?

NA EX-RDA, ALGUNS anos após a queda do Muro de Berlim, o responsável pela Stasi retratado no filme *A vida dos outros* aparecia alguns anos mais tarde como entregador de jornais. É possível imaginar sua nostalgia, como também a de todos aqueles que viram, pelo menos durante algum tempo, sua RDA "colonizada" pela República Federal, devido à reunificação.

Na Polônia, por outro lado, não houve nenhuma nostalgia, mas sim um ressentimento contra os que tinham aceitado negociar a libertação do país das mãos dos russos e do comunismo. No processo de Jaruzelski, vinte anos mais tarde, vieram à tona suspeitas contra os fundadores do *Solidarnosc*, frustração que anunciou uma grande caça às bruxas.

Na Rússia, enfim, a *nomenklatura* se tornou a classe detentora dos meios de produção, ao passo que o diretor do Instituto de Ateísmo foi promovido a diretor do Instituto das Religiões sem ter empreendido nenhum esforço aparente.

A Rússia é surpreendente.

O comunismo sobreviveu à sua derrocada?

Em muitos países sobrevivem formas extremas ou transformadas daquilo que foi o comunismo no tempo dos soviéticos, quer se trate da Coreia do Norte, de Cuba, ou da China. Além do mais, nos lugares em que ele foi eliminado, persiste, contra todas as expectativas, certa nostalgia de sua época: 20% dos eleitores ao leste da Alemanha votaram nos comunistas dez anos após a queda do Muro, enquanto, na Polônia, na mesma época, um antigo comunista, Alexandre Kwaśniewski, foi eleito presidente da República.

O comunismo não foi somente um regime que se decompôs e foi rejeitado. Ele também foi uma ideia. A promessa de seu advento encarnava o futuro da história, e apenas uma revolução podia responder a tal promessa. Os partidos comunistas eram portadores de uma esperança que servia de referência, clara ou subjacente, a todas as organizações ou partidos contestatários.

O QUE RESTA DISSO TUDO?

NUM ENSAIO FAMOSO, publicado há trinta anos, François Furet abordava um problema similar, ao declarar que "a Revolução Francesa havia terminado". Com isso, ele queria dizer que, desde a instauração da III República, a França aldeã e camponesa tinha se integrado definitivamente à nação republicana, assegurando a vitória de uma prática revolucionária que comemorava, aliás, muito mais os acontecimentos de 1789 que os de 1793 (o advento da I República). O ideal jacobino de igualdade teria sido, no entanto, captado pela Revolução Russa de 1917, tendo a burguesia russa falhado em confiscar a vitória sobre o Antigo Regime, como foi o caso da Revolução Francesa. Esta seria assim superada pela Revolução de Outubro.

É possível contradizer essa afirmação lembrando que os ideais de 1789 jamais foram atingidos: não somente a igualdade ou a liberdade, mas também a fraternidade e, de modo mais geral, os direitos humanos. É porque François Furet se coloca na posição daqueles que dirigem a sociedade, e não na posição daqueles que sofrem as consequências.

Nem por isso a questão por ele colocada deixa de ser útil para responder à pergunta acima.

Em primeiro lugar, constato que, ainda que os regimes comunistas tenham sido depostos, os comunistas continuam presentes. Essa observação se verifica especialmente no caso da Rússia e das antigas repúblicas, onde os ex-secretários dos tempos de Andropov ou de Gorbachev voltaram ao poder. O Ministro das Relações Exteriores de Gorbachev, Shevardnadze, chegou inclusive a se tornar presidente da Geórgia independente. Na Rússia, antigos membros do KGB modificaram o nome da instituição depois que ela foi desmantelada, mas a maioria permaneceu nos cargos. Aliás, esse é praticamente o único elemento que a imprensa ocidental retém a respeito do passado de Putin. Os prefeitos de Moscou e de São Petersburgo permaneceram em seus postos, assim como muitos outros governantes. A organização das eleições presidenciais livres, com uma mídia mais ou menos controlada, constituía uma ocasião para renovar o quadro dirigente. Porém, depois de 1990 — é a sobrevivência do passado soviético —, as organizações eram mais reais do que os partidos políticos, que rapidamente se revelaram estruturas vazias. Com uma única exceção: o Partido Comunista, ao mesmo tempo nostálgico do passado e contrário à política de privatização de Gaidar e Iéltsin.

A rejeição ao passado, ainda que majoritária, não se traduz nem por processos de massa — o que seria a continuidade desse passado —, nem por uma adesão ativa às práticas democráticas, nas quais já quase não se crê. Assim, quando Putin substituiu a eleição dos governadores pela nomeação — você pode comparar isso com a França, país em que os *préfets* são nomeados, mas devem lidar com *conseils géneraux** geralmente eleitos —, praticamente não recebeu protestos, tendo os russos julgado que, assim, evitava-se a dimensão sempre aleatória de uma votação.

Foi dessa maneira que se produziu, tanto na antiga URSS quanto nas democracias populares, uma revolução sem revolucionários.

Os dissidentes não conservaram por muito tempo seus lugares nas novas estruturas — salvo Sakharov, na Rússia, e Vaclav Havel, na Tchecoslováquia — porque julgavam com muita severidade os compromissos negociados logo após o fim do comunismo. A classe operária, agente efetivo dos acontecimentos na Polônia, perdeu seu poder uma vez eleito Lech Wałęsa para a presidência e empreendidas as reformas liberais na indústria pesada, geralmente às suas custas.

Até mesmo na Romênia, onde Ceausescu e sua mulher foram julgados e executados após um processo

---

* No sistema administrativo francês, o *préfet* é o responsável por um departamento ou região, enquanto um *conseil général* é a assembleia deliberativa de um departamento. [N.T.]

expeditivo, os comunistas voltaram ao poder depois de terem dissolvido o próprio partido. Na Hungria, o partido comunista se transformou em partido social-democrata. Na Tchecoslováquia, Dubček*, líder comunista da Primavera de Praga, colocou Vaclav Havel no poder. Na Polônia, por fim, uma mesa-redonda, por iniciativa de Gorbachev, reuniu Jaruzelski e Wałęsa antes que este suplantasse o primeiro. Por toda parte, a ex-*nomenklatura* se perpetuou no poder, ainda que todo o movimento de derrubada do comunismo tivesse originalmente se dirigido contra ela.

---

* Alexander Dubček, de origem eslovaca, liderou a Tchecoslováquia durante os anos de 1968 e 1969. Sua tentativa de estabelecer um "socialismo com rosto humano" foi brutalmente interrompida pelas tropas do Pacto de Varsóvia.

QUAIS SÃO AS SEMELHANÇAS E AS DIFERENÇAS ENTRE ESSES ACONTECIMENTOS E AS GRANDES REVOLUÇÕES ANTERIORES?

APÓS A REVOLUÇÃO Francesa de 1789, não foi a aristocracia que foi destruída, mas seus princípios. Os aristocratas franceses sobreviveram por alguns anos antes de desaparecerem, mas retornaram em 1815. Na URSS, o regime persegue a burguesia, mas não a destrói. Inclusive, os dirigentes bolcheviques eram, em sua grande parte, burgueses. No entanto, estes são pouco a pouco afastados do mecanismo estatal, com a ascensão das classes populares. Tanto no caso de 1792-1794 como no de 1918-1938, o terror não visava os aristocratas ou os burgueses de modo exclusivo: a perseguição a estes decorria da natureza do regime, dos mecanismos por ele introduzidos.

Na URSS, os homens que comandavam o regime não suportavam as obrigações que ele impunha. Não poder circular, se informar ou exprimir suas ideias se tornou para eles intolerável, assim como o monopólio do Partido. Sem dúvida, a maioria da população só demonstra interesse pela história e pelo regime político a partir do momento em que as medidas tomadas têm impacto sobre sua existência. Porém, a escassez, que se generaliza nos anos 1980, atinge todo mundo, com exceção de uma minoria. A ruptura da *perestroika*, as privações e as demissões em massa acabam com a vida de milhões de pessoas. Tudo isso marca a falência da gestão econômica instituída pelo comunismo, a qual era, no entanto, um de seus fundamentos.

Em essência, o projeto comunista desejava ser um produto da ciência. Foi como Karl Marx o concebeu. Quando terminou o manuscrito de *O capital*, Marx enviou um exemplar a Charles Darwin, que não era nem um ideólogo nem um teórico político, mas um cientista especialista em ciências naturais. Engels explicou assim esse gesto: "Do mesmo modo que Darwin descobriu as leis da evolução da natureza, Marx descobriu as leis da evolução das sociedades humanas." O conceito de luta de classes era, portanto, visto como homólogo ao de seleção natural, e era possível estabelecer uma analogia entre os modos de conhecimento da natureza e os da sociedade.

Depois de Marx, os socialistas "científicos" ganharam legitimidade graças a seus estudos sobre o desenvolvimento econômico, as formas e os modos de produção, considerados a infraestrutura do edifício social e político. Depois dele, Kautsky, Adler e, logo em seguida, Lenin definiram a ação revolucionária partindo das seguintes premissas: um partido revolucionário de direção única, sem pluralismo nem tendências divergentes, deveria permitir à revolução socialista o cumprimento de sua primeira tarefa — a construção de uma economia capaz de pôr fim à luta de classes e à "loucura" que era o governo dos homens —, o que seria feito por meio da racionalização dos projetos, da planificação econômica e de um processo de estatização.

Até a Segunda Guerra Mundial, o país conheceu um desenvolvimento prodigioso, devido, por um lado, aos trabalhos forçados no *gulag*. Esse crescimento derivava igualmente da vitória das Forças Armadas soviéticas sobre as do invasor. Em seguida, porém, a reconstrução não atingiu os resultados anunciados e esperados, e foi essa falha econômica — especialmente no setor do consumo — que originou a *perestroika*, a qual, segundo Gorbachev, deveria romper os entraves burocráticos que retardavam a produção dos bens de consumo. Com exceção da área de armamentos e do cimento, foi um verdadeiro naufrágio. A falência atingiu o projeto socialista e seus princípios. Para os cidadãos da URSS, a passagem ao liberalismo, à privatização, simbolizou um fracasso pessoal, e a ira de todos não se concentrou no socialismo, mas naqueles que haviam destruído o sistema no qual eles viviam.

A rejeição da mudança ficou ainda mais nítida na Alemanha Oriental, onde a queda do Muro de Berlim fizera surgir grandes esperanças. Isso foi o que alimentou a *Ostalgia* — e é muito significativo que esse termo tenha sido inventado na Alemanha, e não na Rússia. Nela, Putin nutre a memória de Stalin, ao mesmo tempo em que permite comemorações em honra à de Nicolau II — o "tsar sangrento" —, pois a *nomenklatura* pós-stalinista continuava a postos, e estigmatizar a época stalinista seria, para a população, como renegar o próprio passado. As sondagens de opinião realizadas nesses últimos anos demonstram que a vitória de 1945 ainda era considerada o maior acontecimento da história — muito maior do que a Revolução de Outubro ou a guerra patriótica de 1812 e seus sofrimentos —, e tal vitória está ligada à lembrança de Stalin.

Todavia, na Rússia, o socialismo não está mais no centro dos projetos ou dos discursos. Ao contrário da Alemanha, país em que *die Linke* ("a esquerda") faz concorrência à social-democracia ao propor uma alternativa para as coalizões no poder: é a ressurgência de uma tradição que remonta a Karl Marx e a Rosa Luxemburgo. Esta, vítima da direita e dos social-democratas, havia denunciado em seu tempo a forma tirânica que Lenin dera ao comunismo.

E na França?

A QUEDA DO comunismo na URSS e nos países orientais paralisou as organizações de esquerda francesas. A falência econômica do modelo soviético desarmou todos aqueles que, marxistas ou não, haviam se inspirado naquela experiência para melhorar o sistema capitalista e para combater os efeitos da crise e da globalização. Planificações, nacionalizações e estatizações estavam na origem das práticas instituídas na URSS e, depois, na Grã-Bretanha, na Escandinávia e na França. Ora, a vulnerabilidade desses países ficou clara a partir dos anos 1980, e isso enfraqueceu o arsenal teórico da esquerda.

Trinta anos antes, os comunistas franceses já haviam perdido parte de seu eleitorado quando, logo depois da Libertação, o Partido freara o entusiasmo operário, recomendando que era preciso "ganhar a batalha da produção". O fracasso eleitoral veio então coroar um movimento de greves iniciado pelos comunistas e mais violento do que nunca, o qual foi reprimido pelo socialista Jules Moch — como tinham sido reprimidos os espartaquistas de Rosa Luxemburgo em 1918. A vanguarda mais combativa, decepcionada, não admitiu que a política de "participação" no governo fosse ditada por Moscou. A dúvida aumentou depois da condenação de Tito, da repressão de Budapeste, em 1956, e da de Praga, em 1968. Esses acontecimentos eram incompreensíveis para quem acreditava no marxismo-leninismo. Além do mais, o Partido se apegava a posições dogmáticas antigas, apesar de a sociedade ter se transformado e enquanto, graças à proliferação das mídias, ela passara a dispor de informações que tornavam o programa do Partido obsoleto, acabando por sentir-se desorientada.

Hoje os militantes não têm mais fé na alternativa de uma sociedade comunista, e o partido se viu despojado de algumas de suas reivindicações, agora feitas pelos Verdes, pelos esquerdistas e até mesmo pela Frente Nacional.

O socialismo francês, também prisioneiro de doutrinas ultrapassadas — tecnicamente libertado do mundo revolucionário, porém paralisado pelos próprios excessos —, abandonou pouco a pouco parte daquilo que o tornava uma alternativa à direita. A crise financeira que estourou em 2008 pode levar a uma reavaliação do papel do Estado na economia, mas sejam quais forem as medidas terapêuticas a serem adotadas, elas nem de longe poderiam ser comparadas ao que o socialismo ou o comunismo haviam imaginado ou instituído.

Preocupado em refundar uma França republicana e socialista, assim como em romper com o fascínio mortífero que o comunismo exerceu outrora, o socialista Vincent Peillon traça os fundamentos daquilo que poderia ser esse futuro em seu livro *La Révolution Française n'est pas terminée*. Tais fundamentos são anteriores, como se vê, a 1917. Nesse ensaio, o autor não menciona nem Lenin, nem Stalin, tampouco Thorez, Marchais, Mitterrand ou o programa comum da esquerda de 1972. Poderia isso significar que o comunismo e seu partido na França, bem como seu projeto, seu passado ligado à URSS e suas relações com o Partido Socialista, chegaram ao fim sem jamais terem de fato existido?

Afirmar isso seria ignorar que a lembrança desse passado não está morta. O comunismo não continha apenas uma promessa e um projeto, mas também um combate. A queda do comunismo na URSS pôs abaixo a "fortaleza" que era a âncora (erroneamente, talvez) de muitos revolucionários, a referência (também equivocada) para o mundo do trabalho. A URSS representava, sobretudo, uma força de recusa — a recusa do capitalismo, principalmente.

Se a URSS não existe mais, a recusa, por sua vez, continua existindo. A falência da URSS e a desmoralização infligida a suas experiências deixaram um gosto amargo para aqueles que tinham fé no comunismo. O fogo se apagou, mas as brasas permanecem, constantemente reanimadas pelo ressentimento.

E, para que sua carga exploda, não são necessários revolucionários, como talvez dissesse Lenin: basta deixar que ajam os dirigentes.

Referências cronológicas

1945 — Conferência de Yalta (janeiro-fevereiro).

Capitulação da Alemanha (maio).

Conferência de Potsdam. A Alemanha é dividida em zonas.

1946 — Discurso de Churchill em Fulton: "Uma cortina de ferro se abateu sobre a Europa."

1947 — Plano Marshall.

Criação do *Cominform* (*Bureau* de Informação dos Partidos Comunistas).

1948 — Golpe de Praga: controle da Tchecoslováquia pelo Partido Comunista.

Criação da República Federal da Alemanha e da República Democrática Alemã.

Reforma monetária alemã: bloqueio de Berlim.

1949 — Bomba atômica soviética.

A China adota o comunismo com Mao Tsé-Tung.

1950 — Plano Schuman: criação da Comunidade Europeia do Carvão e do Aço.

1951 — Derrota dos comunistas na Grécia.

Início da Guerra da Coreia.

1953 — Morte de Stalin.

Repressão de protestos em Berlim.

1955 — Pacto de Varsóvia (acordo de assistência militar entre a URSS e as democracias do Leste Europeu).

1956 — Relatório Khrushchov.

Insurreições de Budapeste e Poznań.

Tratado de Roma: instauração de um mercado comum na Europa.

Crise de Suez, após a nacionalização do canal de Suez pelo Egito.

1958 — De Gaulle chega ao poder.

1961 — Crise de Cuba.

Construção do Muro de Berlim.

1964 — Destituição de Khrushchov. Brejnev o sucede até 1982.

1967 — Soljenítsin protesta contra a censura na URSS: publicação de *Um dia na vida de Ivan Denisovich*.

1968 — Protestos de Maio de 1968 em Berlim, Paris e outras localidades.

Repressão da Primavera de Praga.

1970 — Revolta dos sindicalizados contra os dirigentes comunistas em Gdańsk.

1972 — Tratado Fundamental, regulando as relações diplomáticas entre os dois Estados alemães segundo as regras do direito internacional.

1976 — Morte de Mao Tsé-Tung.

1978 — Condenação dos dissidentes na URSS.

1980 — Grandes greves de Gdańsk: criação do *Solidarnosc*, sob a liderança de Lech Wałęsa.

Repressão na RDA, sob as ordens de Honecker.

1981 — "Estado de guerra" decretado, na Polônia, pelo general Jaruzelski.

1982 — Andropov sucede a Brejnev no comando da URSS.

1984 — Chernenko sucede a Andropov.

1985 — Gorbachev sucede a Chernenko.

1986 — Após um período de "estagnação", Gorbachev lança a *perestroika*.

Catástrofe de Chernobyl.

1987 — Eleições na URSS, com vários candidatos.

Manifestações nos Países Bálticos, na Armênia, na Geórgia.

1989 — Mesa-redonda com o *Solidarnosc* e o Partido Comunista da Polônia.

Massacres na Praça da Paz Celestial, na China.

Iéltsin vence as eleições na Rússia.

Queda do Muro de Berlim.

Colapso do regime comunista na RDA.

1990 — Lech Wałęsa assume a presidência da Polônia.

1991 — Queda de Gorbachev, dissolução da URSS.

Fim do regime comunista.

Leituras complementares

Beja, Jean-Philippe. *À la recherche d'une ombre chinoise: le mouvement pour la démocratie en Chine (1919-2004)*. Paris: Seuil, 2004.

Chauvier, Jean-Marie. *L'URSS: une société en mouvement*. La Tour-d'Aigues: Éditions de l'Aube, 1990.

Colas, Dominique (org.). *L'Europe post-communiste*. Paris: PUF, 2002.

Courtois, Stéphane; Lazar, Marc. *Le Communisme*. Paris: MA éditions, 1987.

D'Encausse, Hélène Carrère. *Le Grand Frère*. Paris: Flammarion, 1983.

Domenach, Jean-Luc. *Où va la Chine?* Paris: Fayard, 2002.

Ferro, Marc. *Les Origines de la* perestroïka. Paris: Ramsay, 1990.

Furet, François. *Le Passé d'une illusion: essai sur l'idée communiste au XXe siècle*. Paris: Robert Laffont, 1995.

Khapaeva, Dina; Kopossov, Nicolaï. "Les demi-dieux de la mythologie soviétique. Étude sur les représentations collectives de l'histoire", *Annales: économies, sociétes, civilisations*, n. 47/4-5, 1992, pp. 963-987.

Lazar, Marc. *Le Communisme: une passion française*. Paris: Perrin, 2005.

Mink, Georges. *Vie et Mort du bloc soviétique*. Bruxelas: Casterman, 1997.

_____; Szurek, Jean-Charles. *Cet étrange post-communisme*. Paris: CNRS/La Découverte, 1992.

Missiroli, Antonio; Bertini, Fabio. *Les Deux Allemagnes (1945--1995)*. Bruxelas/Florença: Casterman/Giunti, 1995.

Rupnik, Jacques. *L'Autre Europe: crise et fin du communisme*. Paris: Odile Jacob, 1990.

Soljenítsin, Alexander. *L'Archipel du goulag*. Paris: Seuil, 1974-1978, 3 volumes.

PRODUÇÃO EDITORIAL

Hugo Langone

REVISÃO

Mariana Oliveira

PROJETO GRÁFICO

Priscila Cardoso

CAPA E DIAGRAMAÇÃO

Filigrana

ESTE LIVRO FOI IMPRESSO EM FEVEREIRO DE 2011, PELA EGB EDITORA GRÁFICA BERNARDI LTDA., PARA A EDITORA PAZ E TERRA. A FONTE USADA NO MIOLO É DANTE 13/16,5. O PAPEL DO MIOLO É PÓLEN SOFT 70G/M², E O DA CAPA É CARTÃO 250G/M².